ILIÁN G. NAGY

JOHN LENNONS TOD

DRAMA IN ZWEI AKTEN

Liste der Charaktere

John Lennon, Gründer der Beatles, Sänger, Komponist

Yoko Ono, John Lennons zweite Ehefrau

Brian Epstein, Manager der Beatles

Julian Lennon, John Lennons erster Sohn

Elisabeth II., Königin

Lehrer

Priester

Reporter

Journalisten

Es spielt sich in der letzten Minute von John Lennons Leben ab, am 8. Dezember 1980.

Es handelt sich um eine fiktive Geschichte.

ERSTER AKT

Abenddämmerung. John Lennon dunkel gekleidet, Yoko Ono, ebenfalls dunkel gekleidet, an seiner rechten Seite, erscheinen rechts auf der Bühne. Von rechts nach links kommend biegen sie in der Mitte der Bühne zum Eingang des Dakota House ab.

EINE STIMME:

(jugendlich, mädchenhaft, aber energisch)

Mister Lennon!

Lennon und Yoko bleiben stehen.

EINE ANDERE STIMME:

(männlich, rau, aus dem Publikum)

Mister Lennon!

EINE ANDERE STIMME:

(alt, energisch, ebenfalls aus dem Publikum)

Mister Lennon?

EINE WEITERE STIMME:

(kalte Altweiberstimme aus der Mitte des Zuschauerraums)

Mister Lennon?

PLÖTZLICH ALLE STIMMEN GLEICHZEITIG:

Mister Lennon?
Mister Lennon?
Mister Lennon?
Mister Lennon?

Lennon hebt seinen Kopf und blickt forschend um.

LENNON

Brian? Brian? Bist du es?

YOKO

John! Sei nicht albern! Brian ist schon lange tot!

LENNON

Ich wusste, dass er kommt. Ich hab's gewusst...

(zu Yoko)

Von wegen tot! Er ist nur auf eine andere Art und Weise da.

YOKO

Hey! Was soll das heißen, er ist auf eine andere Art und Weise da?

LENNON

Du kannst ausschalten, du kannst einschalten. Verstehst du, wie die Musik im Radio: Wenn du aufdrehst, spielt sie, wenn du runterdrehst, spielt sie nicht mehr. Mal ist sie da, mal nicht. Sie ist auch da, wenn sie nicht da ist. Du kannst sie nur nicht hören, wenn sie nicht verstärkt wird.

YOKO

John! Ich habe Angst!

LENNON

Unsinn! Der große Kombinator ist hier! Ich fühle es!

Er streichelt Yoko's Hintern.

Komm! Wir laden ihn zu einer Tasse Tee und auf einen Drink ein. Ich weiß doch was er will! Glaub' bloß nicht, dass du davonkommen kannst! Komm schon! Komm!

Die Bühne wird dunkel und als sich die Bühne wieder erhellt, befinden wir uns in dem geräumigen Salon in John Lennons Wohnung. Vor der gewaltigen Bücherwand sitzt Lennon in einem Sessel. Es klingelt an der Tür. Yoko öffnet die Tür. Schreiend presst sie sich die Hand auf ihren Mund.

YOKO

> Brian! Brian! Du bist doch... du...

BRIAN

> Yoko? Freust du dich gar nicht, mich zu sehen? Du... Du verhängnisvolle Frau!

YOKO

> Doch... ich freue mich... natürlich... John sagte gerade, dass du hier bist..., dass du kommst, dass du erscheinst... Nur... Aber wenn die alten Beatles-Zeiten hochkommen, kann man nie wissen, was gerade passieren wird. John schwelgt in dieser Zeit, die ganze Zeit... er hat es eilig. Er arbeitet mit großem Schwung. Wie auch du gerade... du.. bist hier. Ok. Ok, komm schon rein! Ich habe schon vieles erlebt. Wenn John sagt, dass du kommst, sollte ich nicht daran zweifeln, ich Dummerchen! Komm Brian! Komm rein.

Brian spaziert herein, er sieht Lennon, lächelnd streckt er die Arme aus.

BRIAN

John! John! Du hartgesottenes Genie! Du Nordstern! Du, der schönste Diamant an meinem wertvollsten Goldring! Du hast mich gerufen, hier bin ich!

LENNON

Hallo Brian! Habe ich dich tatsächlich herbeigerufen? Du hast mich gerufen, nicht? Du bist der, der im Leben eines Menschen zweimal erscheint.

Lennon erhebt sich, sie umarmen sich.

BRIAN

Du! Du! Du, Jesus mit der Gitarre! Der verkleidete Magier! Du geheimnisvoller Mensch! Du Egomane! Weißt du, was ich sage? Wenn du populärer warst als Jesus, dann war ich populärer als Johannes der Täufer, denn ich habe dich erkannt! Ich habe dich in diese verkorkste Welt eingeführt! Ich, der im Jordan des Geschäftes stand und dich mit dem Wasser des Erfolges getauft hat.

(schweigt)

Weißt du, wer wir zusammen waren?

8

LENNON

Ich weiß es. Natürlich weiß ich das. Du würdest doch
durchdrehen, wenn ich sagen würde: ich weiß es nicht.
Du würdest hysterisch, wenn ich den Vergesslichen
vortäuschen würde.

(mit seinen Händen fuchtelnd)

A-a-a! A-aaaa-a! A-aaaa-a!

Er zündet eine Zigarette an.

Das Leben, Brian, ist das Erkennen der Sternstunde! Du
hast den großen Moment erwischt. Das war ich, natürlich.
Die Kraft, der Wille, der Wasserkocher im kalten Wasser.
Die große Lebensfreude. Das Trojanische Pferd in deinem
Trojaner Sieg, in deinen Salz-Pfeffer-Kümmel-
Geschäften.

(sich umdrehend)

Yoko! Yoko!

YOKO

Ja, Liebling.

LENNON

Koche uns einen guten Tee!

YOKO

Was für einen?

LENNON

Jasmin. So einen japanisch-englischen. Du weißt schon!
Einen Seelenreinigenden. Mit indischem Hauch. Wenn
möglich.

YOKO

Alles ist möglich! Wenn du willst, ist alles möglich.
Nichts ist unmöglich, wenn du mich liebst. Wenn du mich
liebst?

LENNON

Dann kann der Tee kommen!

Yoko wendet sich zum Gehen.

Pass auf! Schmeiß' die Gitarre nicht um!

YOKO

Wie kannst du so etwas sagen?

LENNON

Ok. Ich wollte nur sichergehen.

(Yoko ab)

BRIAN

Du hast dich überhaupt nicht geändert.

LENNON

Er nimmt eine Tulpe aus der Vase auf dem Tisch.

Die Tulpe sprießt nach jedem Winter als Tulpe aus dem
Boden. Und niemals als Unkraut. Eine Blume bleibt eine
Blume! Was zum Teufel hast du damit gemeint?

BRIAN

Erinnerst du dich nicht mehr? Wie immer: Licht ist Licht,
Dunkel ist Dunkel. Du warst der Erste dem ich geglaubt
habe, dass falsche Ansichten, bewusst oder unbewusst,
dem Menschen die Seele rauben.

LENNON

Du bist gegangen ohne wenigstens „Tschüss, ich steige
aus" zu sagen! Du hast nichts gesagt, du bist einfach
verschwunden! Und hast uns in der Scheiße

11

zurückgelassen. Ja, in die du uns reingestossen hast.

BRIAN

Ich? Von was für einer Scheiße redest du? Offensichtlich
hat dir meine Abwesenheit geschadet. Du schwimmst im
Geld! Du bist der berühmteste Musiker der Welt! Was
willst du noch?

LENNON

Was ich will? Mit dir abrechnen, Brian. Abrechnen! Wir
sind um die Welt gedüst, aber du hast nie erlaubt, dass ich
sage, was ich denke. Ich habe das blöde Kind im
Sonntagsanzug gespielt, um die Snobs und Bonzen nicht
zu beleidigen. Dabei wäre ich derjenige, der hätte
beleidigt sein sollen!

BRIAN

Du reitest immer noch darauf herum? John Lennon, der
Liver-Puddig-Draufgänger, den ich auf die Bühne der
Welt hob, ist beleidigt?

LENNON

Schon gut, schon gut. Lassen wir das jetzt. Tut mir Leid!

BRIAN

Es gibt keinen Grund in die Ewigkeit der Unsterblichkeit
zu eilen. Zeit? Zeitlosigkeit? Im Gehirn eines Menschen
gibt es genug Raum für die ganze Geschichte, von der
Urzeit bis in unsere Tage. Was für eine Geschichte auch
immer, das ist eine andere Frage. Die Lüge wird zur
Wahrheit, wenn sie als solche lange genug vermittelt wird.
Du hast gesagt, dass die Wahrheit der verbannte König des
20. Jahrhunderts ist... Ein guter Satz! Aber so etwas kann
man nicht singen.

*Yoko tritt mit Teetassen ein, lächelnd nähert sie sich den
Männern. Sie tritt die Gitarre, die an das Bücherregal
gelehnt ist. Sie hat die Tassen nicht fallen lassen, aber die
Gitarre fällt geräuschvoll zu Boden.*

LENNON

Er springt auf, hektisch greift er nach der Gitarre.

Verdammte Scheiße! Ich hab es doch gesagt! Ich wusste
es! Es ist als hättest du mich getreten! Kannst du nicht
aufpassen? Verdammt! Aaaaah!

YOKO

*Sie stellt die Tassen auf den Tisch, japanisch-tanzend
wendet sie sich zu Lennon.*

Gib dem Frieden eine Chance!
Zwei, eins, zwei, drei... vier

nur so ist in aller Munde,
Bobby Dylan, Hare Krishna, Hare, Hare!
Gib dem Frieden eine Chance!

LENNON

(lachend)

Ok. Schon gut. Ich liebe dich.

*Er gibt ihr einen Kuss auf die Wange, hebt seine Gitarre
auf und zupft die Gitarre.*

Kennst du das, Brian?

(singt)

God is a Concept by which
We measure our pain
I'll say it again
God is a Concept by which
We measure our pain
Yeh, yeh, yeh.

Er setzt sich ans Klavier.

I don't believe in magic
I don't believe in I-ching
I don't believe in Bible
I don't believe in Tarot
I don't believe in Hitler
I don't believe in Jesus
I don't believe in Kennedy

I don't believe in Buddha
I don't believe in Mantra
I don't believe in Gita
I don't believe in Yoga
I don't believe in Kings
I don't believe in Elvis
I don't believe in Zimmermann
I don't believe in Beatles

I just believe in me
In Yoko and me
And that's reality.

The dream is over
What can I say?
The dream is over
Yesterday
I was the Dreamweaver
But now I'm reborn
I was the walrus
But now I'm John
And so dear friends
You'll just have to carry on
The dream is over.

BRIAN

Das habe ich noch nicht gehört. Das ist kein Beatles-Song.

LENNON

So was hast du nie zugelassen. Du hattest Schiss. Urangst

vor der Wahrheit. Ja, vor dem entmachteten König des 20. Jahrhunderts. Dabei hast du durch uns perverser Weise schöne Augen gemacht. Das war der Unterschied zwischen dir und den anderen Ärschen. Du bist eben ein Grenzfall, wie ein auf die Kante gestelltes Spiegelei.

BRIAN

Fängst du schon wieder damit an? Was willst du noch?

LENNON

Nichts, nichts. Doch, wenn ich genau nachdenke, alles.

YOKO

Trinkt euren Tee bevor er kalt wird.

Sie trinken.

LENNON

Weißt du warum ich dieses Lied geschrieben habe?

BRIAN

Er stellt die Tasse ab.

Ich weiß es. Fürs Geld, für den Weihnachtsmarkt.

(laut lachend)

LENNON

(lacht auch)

Meinen Schmerz habe ich durch Gott gemessen, du Geldgeiler. Nicht die Kohle. Nicht den Dollar, das Dolce Vita!

BRIAN

Und wie viel Schmerz ist auf dein Konto geflossen?

LENNON

Sehr viel. Jede Menge Schmerz ist geflossen... Ich habe meinen Schmerz gemessen und sagte: Gott, ich habe den Glauben an Vieles verloren. Ich glaube nur noch an mich und an Yoko. Weißt du warum? Wer an sich nicht glaubt, glaubt an nichts mehr. Erst recht nicht an Gott. Sie labern ein wirres Zeug über Liebe, bürgerliche Intelligenz, dabei machen sie jeden und alles platt! Weißt du, was diese kleinen Arschlöcher mit mir gemacht haben, nachdem ich denen alles gegeben habe? Der ganze John Lennon gehörte ihnen, die Beatles, meine Songs, mein Herz, mein Leben, alles! Weißt du, was sie gemacht haben? Sie haben mich in ihren Zeitungen runter gemacht, weil ich eine acht Jahre ältere Frau geheiratet habe! Sie haben Yoko „Dragon Lady" genannt, Ching-Chang-Chung, eine Schlampe! Die Mutter meines nächsten Kindes! Sie zeichneten mich als

17

einen Hund, den Yoko an einer Leine führt. Und warum?
Weil sie neidisch waren! Auf alles! Vor allem auf die
Liebe. Ja. Auf die Liebe. Denen müssen irgendwelche
mathematischen Formeln im Hirn entspringen, damit sie
etwas fühlen können. Was zur Hölle soll ich noch tun,
damit sie endlich sagen: Okay, wir treten dir nicht mehr in
die Eier. Sie wollten sehen, wie weit ich's bringe, und im
richtigen Augenblick wollten sie mich vernichten.
Verstehst Du? Aber jetzt erst recht!

Spielt an der Gitarre und singt.

I'm John. I'm John Lennon.

YOKO

Oh, wie ich dich liebe! Ich liebe dich, weil ich die Freiheit
liebe.

*Yoko umarmt ihn, dreht ihn, küsst ihn. Sich drehend
nähern sie sich dem Bett.*

Ich liebe dich, weil ich die Wahrheit liebe! Deine Seele in
meiner! Oder meine in deiner? Ich liebe dich, wie die
Mutter ihr Kind. Ich liebe dich. Ich liebe dich. Ich liebe
dich.

BRIAN

(steht auf)

Wenn ihr mich nicht braucht, dann kann ich auch gehen!

LENNON

Nicht doch! Wohin würdest du aus der zeitlosen
Unsterblichkeit gehen?

YOKO

Weißt du, Brian, das Leben ist eine Serie von Zufällen.

Lennon schlürft seinen Tee geräuschvoll.

BRIAN

Was du nicht sagst! Wirklich?

YOKO

Ich weiß aber, dass es keine Zufälle gibt. Wir Japaner
denken: Die Sonne scheint, dann scheint die Sonne. Wo ist
da der Zufall? Weißt du, was Zufall wäre? Wenn du und
John euch nicht getroffen hättet. Das wäre wie ein
Morgen, an dem es dunkel bleibt, weil die Sonne nicht
aufgeht.

LENNON

Damit hätten wir die Schwierigkeiten des Wiedersehens
hinter uns, Brian. Darauf trinken wir!

YOKO

Nach dem Tee? Das wäre so, als würde man nach einem erfrischenden Bad in eine Pfütze springen.

LENNON

Vor solchen Wahrheiten habe ich mich schon immer verbeugt. Na? Was für eine Frau habe ich? Weißt du, aus welchen zwei Gründen sich die Bluthunde von der Presse auf mich gestürzt haben? Liebe und Freiheit! Wie ich schon sagte. Klar, ohne Erlaubnis ihres Brötchengebers hätten sie sich nicht getraut. Aber trotzdem hätte ich es nicht erwartet. Als ich Yoko kennenlernte, hörte ich auf, den blöden Jungen zu spielen und sagte: ab heute bin ich ich! Da sind sie über mich hergefallen, als wäre ich ein Raubmörder.

BRIAN

Vermutlich, weil du angefangen hast überall reinzumaulen. Na schau' mal. Ich rede doch genauso wie du! Politik geht die Musiker nichts an. Ich habe euch gesagt, wenn Ihr Geld verdienen wollt, dann gibt's keine Klugscheißerei! Sondern Anzug, weißes Hemd, zuckersüßes Lächeln und gute Laune. Und keine großen dummen Sprüche.

LENNON

Sklaven und Hampelmänner sollten wir sein! Alles andere

ist verboten. Nicht war?

BRIAN

Wo hast du das gehört? Wie kommst du denn darauf?

LENNON

Das sage ich dir nicht. Ich war jung, wir waren pleite, bis
du ins Bild getreten bist, aber um mich herum war alles
echt. Elend war Elend, Leben war Leben, Freude war
Freude. Schmerz war Schmerz. Wenn ich meine Gitarre
schnappte, gehörte mir die Welt. Ich war arm, mit
Träumen so groß wie dieses Haus.

BRIAN

Und? Und... was erwartest du jetzt von mir?

LENNON

Soll ich's dir sagen?

BRIAN

*Brian steht auf, geht an der Bücherwand vorbei, mit
seiner rechten Hand streicht er über die Bücher.*

Schaue dir diese Bücher an! Die meisten, die diese

geschrieben haben, haben am Hungertuch genagt und wurden verfolgt. Vor allem die, welche die Wahrheit aussprachen. Mit ihren Wahrheiten blieben sie in ihrem Elend, weil sie in ihrer Zeit keinen großen Mentor getroffen haben, wie mich.

(auf die Bücher zeigend)

Dort ist die Wahrheit.

Er zeigt mit beiden Händen auf sich.

Und hier bin ich! Wahrheit und Geld sind zwei Paar Schuhe. Für eine Weile noch. Du bist reich, nicht? Was willst du denn noch?

LENNON

Oft denke ich darüber nach, wenn ich ein verdammter Fischer sein könnte, wäre ich lieber so einer.

BRIAN

So im Nachhinein? Du glaubst, das nimmt dir einer ab, wenn du hinter den Weltruhm und Reichtum heraus brüllst: Ich wäre lieber ein verdammter Fischer?

YOKO

Ich schon.

Sie nimmt ein Buch vom Regal und schlägt es auf.

Hör mal! Nein, doch nicht.

Sie stellt das Buch zurück.

LENNON

Na pass' auf, du Geldsack!

(Brian schreckt auf)

BRIAN

Oooo! Oho, das ist die Stimme des Wilden aus Liverpool, wie ich sie kenne. Ganz der alte Lennon. Der Rohdiamant. Das verkannte Genie.

LENNON

Glaub nur nicht, dass Johannes der Täufer am Jordan mit den Bonzen zimperlich gewesen wäre, die nur so aus Spaß an der Freude, mit von der Partie sein wollten!

BRIAN

Ich sehe, du bildest dich! Also, bist du jetzt populärer als Jesus oder populärer als Johannes der Täufer? Was ist? Hast du nachgegeben?

LENNON

Scheißegal. Den einen hat man ermordet, den anderen...
Den anderen... gekreuzigt. Hätte ich damals gelebt und
wäre ein verdammter Fischer gewesen, dann hätte ER
mich abgeholt. Ich habe nun mal nicht damals gelebt und
so bist du gekommen. So haben sich die Zeiten geändert.

BRIAN

Brian lässt sich in einen Sessel fallen.

Sprich zu mir, du Prophet! Ich erinnere mich noch, wie du
einmal besoffen die Jungs zusammengetrommelt hast.
Außer Atem kamen sie angerannt, weil sie dachten, es
wäre dir was zugestoßen. Und da hast du beiläufig
verkündet, dass du Jesus bist.

LENNON

(lächelnd)

Hast du schon mal darüber nachgedacht, was das alles
bedeutet? Die Welt entwickelt sich langsam zu einem
großen Dorf. Wir fliegen von einem Erdteil zum anderen,
wie man früher zum Nachbarn rüber gegangen ist.
Trotzdem, überall Lug und Trug, dass man sich schämt.

YOKO

Glaubst du, dass es jemals einen Pharao in Ägypten gab,

der je hätte sagen können, dass die Sklaverei nicht
wirklich das Wahre ist, man aber noch nichts Besseres
erfunden hätte?

LENNON

Wenn zufällig jemand sich gemeldet hätte, er habe eine
bessere Idee, den hätten sie als unrealistischen Träumer in
die Wüste gejagt. Das geschah auch. Er träumte vom
Wasser. Verstehst du das, Brian? Hast du je darüber
nachgedacht, warum wir überhaupt auf der Welt sind?

BRIAN

Oh, wie lyrisch!

YOKO

Ich glaube, du hast dich mit solchen Fragen nie
beschäftigt. Und soll ich dir sagen, warum?

BRIAN

Verschone mich nicht!

YOKO

Du warst feige.

BRIAN

(aufbrausend)

Wie kannst du so was sagen? Ich war ein Feigling? Ich?
Der in deinem Mann in einer kleinen Drecksspelunke die
neue Stimme der Welt gesehen, gehört hat? Und habe ich
getan, was ich getan habe! Nein! Das verbitte ich mir!
Wovon redest du denn, Yoko?

YOKO

Von Vergänglichkeit und nicht vom Ver... Verrecken. Vom
Überleben rede ich, Brian. Man muss doch aus der Wüste
zurückkommen!

LENNON

Weißt du, was das Leben ist? So wirklich ganz ohne das
ganze bürgerliche Gewichse. Ohne solchen und solchen
Lehrstoff: den sie dir eingebläut haben, damit du alles
siehst, wie sie dir es vorgekaut haben! Man soll alles so
sehen wie sie, und wage es nicht, aufzumucken.

YOKO

Nachdem ich John begegnet bin, wurde mir alles
Mögliche vorgeworfen und das gipfelte in einem einzigen
Wort. Weißt du in welchem?

BRIAN

Ich weiß es nicht! Weiß ich nicht! Ich weiß es nicht!

YOKO

Dann verrate ich's dir, Brian. In dem Moment, in dem ich John traf, änderte sich mein Name. Ich war nicht mehr Yoko Ono. „Zielscheibe" wurde mein Name. „ZIEL-SCHEI-BE"! Weil ich ihm den Weg aus der Wüste gezeigt habe.

BRIAN

Die Frau der Wüste!

YOKO

Die Japaner sind wie Gotteskinder, genauer gesagt, sind immer noch so. Nicht nur wir waren so, sondern auch andere Völker! Doch die anderen waren zu nahe an Europa, denen hat man das Hirn ausgelaugt. Verstehst du das?

„Tief in meinem Herzen,
wenn ich den heiligen Weg gehe,
die Götter schließen mich in ihre Herzen,
auch wenn ich nicht zu ihnen bete."

BRIAN

> Du redest, als wärst du ein Song von John. Als wärst du
> aus ihm herausgetreten, wie eine Zauberin. Wie eine
> Magierin, an die ER natürlich nicht mehr glaubt. Hahaha!
> Der verkörperte Lennon-Song.

YOKO

> Das ist ein japanisches Gedicht. Ja, Brian, seitdem du
> weggegangen bist, hat sich die Welt sehr verändert.

BRIAN

> Aber was denn? Außerdem bin ich doch hier: In der
> Zeitlosigkeit der Unsterblichkeit kann man mich in die
> Welt rufen, wie ein Gedicht.

YOKO

> Alles um uns herum hat sich verändert.
> Auch in uns hat sich alles weiterentwickelt.

BRIAN

> Wie soll man das verstehen?

YOKO

Darf ich's ihm sagen, John?

LENNON

Ja.

YOKO

(wartet schweigend, dann brummt sie mit sanfter Stimme)

Wir sind glücklich.
Wir sind glücklich.
Glücklich. Weißt du?
In der Art von einer Bergpredigt:
Glücklich sind die Friedfertigen,
denn sie werden Gotteskinder heißen.

BRIAN

Lass mich mit John reden!

LENNON

Ich höre!

BRIAN

Hab vergessen, was ich eigentlich sagen wollte. Yokos
Geschwätz vom Glück hat mich ganz verwirrt. Aber...,
aber! Was bedeutet denn Glück?

LENNON

Was Glück ist? Das Geheimnis aller Geheimnisse. Der
menschliche Geist irrt sich so leicht auf dem klebrigen
Pfad des Geldes, der Macht, des Erfolgs, während dessen
macht er sich vor glücklich zu sein, weiß aber, dass er
lügt. Durch das Labyrinth der Lüge führt keinerlei Weg
zum Glück. Wie viele täuschen sich! Die Massen der
Umherirrenden kann man nicht ermessen. Sie rauben,
morden, verbergen sich hinter Masken, nehmen Rache an
ihren Nächsten, weil ihnen das Schlüsselwort zur Öffnung
dieses Geheimnisses verwehrt bleibt. Doch glücklich kann
jeder sein. Es ist gleich wo oder ob als Fischer oder König
geboren: Nur ein Gedanke, eine göttliche Stimmung ist
von Nöten, das Böse in uns zu zertreten. Der teuflische
Übeltäter sinkt nieder, Licht erstrahlt: das Gebet jeder
göttlichen Kraft. Die Familie ist das Glück. Alles andere
ist Lug und Trug. Dieses Geheimnis muss jeder selbst
entschlüsseln! Also los! Mensch, sei glücklich: für die
Freiheit vorbereiteter Glaube soll dich führen!

(nachdenklich)

Na, wie war ich? An mir ist ein wahrer Shakespeare
verloren gegangen.

YOKO

Die Gesellschaft wird die Familien schon kleinkriegen. Menschen werden dazu erzogen, nicht für die Familie zu arbeiten, sondern für den Erfolg. Weißt du? Schneeweiße Zähne, schneeweißes Lächeln, während hinter deinem Rücken verfault alles. Du lächelst auch dann, wenn der Himmel auf deinen Kopf fällt, um zu verbergen, dass du die Wahrheit kennst!

LENNON

Wir haben entschieden, dass der Familie zugute kommt, wenn wir für die Familie arbeiten. Unser Leben ist unsere Kunst.

BRIAN

Mir kommen gleich die Tränen! Das ist also das Ende von großer Rebellion, von großem Widerstand?

LENNON

Ende? Ich habe das Clownskostüm abgelegt. Schluss mit der Tarnung. Jeder soll zeigen, wer er ist. Die Freiheit ist da! Die großen Nuttenschlitten, das war dein Ding, Brian. Du hast die Scheuklappen aufgesetzt und uns durch die Welt gehetzt. War dir klar, was du machst?

BRIAN

Ja, war mir klar.

YOKO

Doch Gott schickt immer seine schöpferischen Frauen.
Und... und in der Regel gebären sie einen Jungen.

BRIAN

Jetzt kommst du mit dummem Geschwätz! Trommelst
alles zusammen, damit du verkünden kannst, dass du die
Maria von Japan bist. Habt ihr den Verstand verloren?

LENNON

(mit hoher Stimme)

Weißt du überhaupt, was eine Familie ist?

Mit weiblicher Bewegung ordnet er seine Haare.

BRIAN

Verarsche deine Mutter, die dich verstoßen hat!

LENNON

Du Abschaum!

Lennon schnappt eine Vase und schmeißt sie nach Brian, der sich mit einem Sprung hinter Yoko in Sicherheit bringt.

BRIAN

Yoko, hilf mir! Er ist verrückt geworden!

Lennon wirft mit Büchern.

LENNON

Du willst die Wahrheit?! Hier hast du sie!

BRIAN

(immer wieder hinter Yokos Rücken hervorschauend)

Kann es sein, dass du doch verrückt und kein Genie bist?

Yoko lacht, achtet nicht auf die fliegenden Bücher, eins trifft sie am Kopf, sie stürzt auf die Couch vor ihr.

LENNON

(schreiend)

Mutter! Mutter!

BRIAN

(erschrocken)

Nicht böse sein!

LENNON

Mutter! Yoko!

BRIAN

Hörst du? Sei bitte nicht böse!

LENNON

Hol Wasser! Schnell, Wasser!

Brian rennt zum Tisch. Er greift einen Krug, der zwischen den Flaschen und Gläsern steht. Er gibt ihn Lennon, der den ganzen Inhalt in Yokos Gesicht schüttet. Yoko ihren Kopf schüttelnd und ihr Gesicht reibend, setzt sich auf.

YOKO

Wo bin ich?

BRIAN

Zu Hause. In der Familie.

YOKO

(kreischend schaut sie Brian an)

Wie kommst du hierher? Du bist doch tot! Du bist der Tod! John! John!

Sie fällt Lennon um den Hals.

Schick ihn weg, John! Hörst du, schick ihn weg!

Es klingelt an der Tür. Niemand rührt sich.

BRIAN

Es hat geklingelt.

YOKO

(verzweifelt)

Ich mach nicht auf.

LENNON

(freundlich)

Du bist die Hausherrin!

YOKO

Mit ihrer rechten Hand betastet sie ihre Stirn und geht vor sich murmelnd zur Tür.

Ja, ja. Bei uns Japanern....

Sie öffnet die Tür, Lennons erster Sohn steht vor ihr.

JULIAN

Na endlich!

Yoko fällt ihm um den Hals.

YOKO

Julian! Julian!

JULIAN

Na, na! Hey, so sehr musst du nicht freuen! Du bist die Frau meines Vaters, nicht meine! Nicht war?

YOKO

Doch. Doch. Nur..., wie soll ich's sagen... Brian ist hier bei uns. Weißt du? Der Manager der Beatles.

(erwartungsvoll sieht sie ihn an)

Überrascht dich das gar nicht?

JULIAN

Überrascht? Bei euch? Hallo Brian!

Sie schütteln sich die Hände.

BRIAN

Bist ganz schön gewachsen, seit dem letzten Mal!

JULIAN

Du auch.

(Yoko und Lennon lachen)

BRIAN

Was soll das heißen, du auch? Ich bin genauso wie immer.

JULIAN

Vielleicht. Aber wenn ich dich so anschaue, kommst du

mir wie ein Gespenst vor.

BRIAN

Der ist genau so blöd wie sein Alter.

JULIAN

Hallo, Paps!

Er umarmt seinen Vater.

LENNON

Grüß dich, Julian! Danke, dass du gekommen bist. Komm, setz dich! Brian! Du auch!

JULIAN

Was ist denn hier passiert?

YOKO

Dein Vater hat mir die Wahrheit an den Kopf geschmissen.

Sie reibt sich die Stirn.

Im wahrsten Sinne des Wortes.

JULIAN

Aha.

LENNON

Was trinkst du?

JULIAN

Wasser mit Eis!

BRIAN

Ganz der Vater!

LENNON

Also... wo waren wir stehengeblieben?

YOKO

Bei der Familie.

BRIAN

Ja klar! Nichts ist aktueller. Dein Sohn aus deiner ersten
Ehe ist hier. Erzähl ihm etwas vom glücklichen

Familienleben!

LENNON

Lennon steht auf, trinkt einen Whisky und fängt an auf und ab zu laufen.

Julian, irgendwo habe ich mal geäußert, dass du das Ergebnis einer Whisky-Party warst. Ich auch und die halbe Welt. Das stimmt nicht ganz. Hab ein bisschen geschwindelt, damit es nicht so weh tut, was da passiert ist. Ich dachte eher an mein hartes Schicksal. Ich habe meinen Vater gehasst, weil er uns im Stich gelassen hat, er ist fortgegangen. Heute denke ich auch über ihn ganz anders. Dass du zur Welt gekommen bist und lebst, bedeutet, dass ich deine Mutter geliebt habe. In erster Linie heißt es, dass ich lebensbejahend bin! Dass wir damals mit Brian die riesen Sause gemacht haben, bedeutet, dass ich damals glaubte, das Geld wäre am wichtigsten. Das Geld! Geld ist Macht, Geld ist Freiheit, Geld ist Glück, Geld ist alles!

BRIAN

Und, ist es nicht?

LENNON

Nein. Eben nicht. Ich muss es wissen. Natürlich, wenn du versuchst zu verdeutlichen, dass weder die Welt noch der Mensch vom Geld erschaffen wurde und in wesentlichen

Dingen gänzlich unbrauchbar ist, dann versuchen sie alles, um dir zu beweisen, dass du ohne Geld ein Scheißdreck bist. Wenn man nicht aufpasst, werden Menschen, wie ich auch einer bin, fertig gemacht!

BRIAN

Ach, das ist ja rührend! Mir kommen gleich die Tränen.

Brian steht auf und geht umher.

Pass auf Julian! Als ich deinen Vater kennenlernte, warst du noch nicht auf der Welt.

Lennon lehnt sich ans Buchregal.

Sie traten in einer muffigen, schmutzigen Spelunke auf. Sahen aus, wie Gestalten aus eine Waschpulverreklame. Haben gefressen, auf der Bühne ständig gequalmt und sich über ihre eigenen Blödeleien totgelacht. Kannst du dir das vorstellen? Und ich, Brian Epstein, war ich so frei, ging hin, um sie zu sehen. Und...

JULIAN

Und?

BRIAN

Und... sie waren phantastisch! Zwischen Essensdunst und dickem Zigarettenqualm glitzerte dort der Rohdiamant:

die Beatles! Nur ich habe das gesehen! Niemand anderer!

JULIAN

Also warst du der große Seher, der die Beatles sah.

BRIAN

Dein Vater war der Frontmann. Er versetzte die Luft in Schwingungen,

(seine Arme ausbreitend)

wie ein riesiger Sender.

JULIAN

Und er war der große Seher von Brian?

BRIAN

So ungefähr. Als ich die Jungs in mein Büro einlud, war er der erste, der erkannt hat, dass sie mit mir Gottes Fuß ergriffen haben.

JULIAN

Deinen Fuß.

BRIAN

So kann man es auch sagen. Weißt du, was ich dann
gemacht habe?

JULIAN

Du hast das Geld auf deinem Konto gezählt.

BRIAN

Nein, mein Junge. Nein. Ich hatte genug Geld. Wir waren
reich. Hätten genug Geld zum Zählen gehabt.

JULIAN

Aber trotzdem hast du 'ne Menge an den Beatles
gescheffelt!

BRIAN

Nicht so, Freundchen! Ich war auch Jemand in dieser
Party.

*Brian nimmt eine der Gitarren, greift einen E-Dur Akkord
und schlägt kräftig in die Seiten.*

Na?

(schaut abwartend auf Julian)

Weißt du, was ich gemacht habe? Bin hausieren gegangen.
Ich bin hausieren gegangen! Aber niemand wollte was von
den Beatles wissen! Niemand erkannte, was ich sah.
Julian, immerhin habe ich auch an der Royal Academy
Schauspiel studiert.

LENNON

Oh, Romeo, warum bist du Julia?

JULIAN

(lachend auf den Boden fallend)

Unglaublich! Was für ein Spruch!

BRIAN

Dein Alter war schon immer so drauf. Paul und die Jungs
haben immer über seine Blödeleien gegrölt.

Schlägt mit der Faust auf Lennons Schulter.

Ich mochte in dir diese rohe Kraft. Trink einen Schluck
Wasser, bevor du erstickst!

*Breien schenkt Julien ein, er spuckt das Wasser prustend
raus und lacht weiter.*

Dein Vater wollte mich vom Thema ablenken.
Pustekuchen!

JULIAN

Okay, Brian! Tut mir leid. Ich höre dich.

BRIAN

Schließlich war ich so weit, dass George Martin
nachgegeben hat. Das war so, als wenn man die Fenster
einer verstaubten, miefigen, geschlossenen bürgerlichen
Wohnung der Frühlingslichtflut und dem Leben öffnet.
Wie in einem Kaffeehaus, wo alle schön tun: Bitte schön
dies, bitte das, bitte jenes! Auf einmal stürzen vier Jungs
rein und schreien: YEAH-YEAH-YEAH!

LENNON

Schönes Märchen! Nur habt ihr mich durch die große
Dollarwäscheschleuder gedreht. Wäre ich nicht zur
Besinnung gekommen, könnte mein Sohn jetzt auf
meinem Grabstein lesen: Hier ruht John Lennon, unter
einem großen Dollarberg. Er lebte und starb für das
verfluchte Geld.

JULIAN

Nette Geschichte!

YOKO

Dein Vater ist ein Mensch, der sich zwischen großen

Lügen und den Hyänen des Kapitals durchschlagen konnte. Wenn er zur Gitarre griff, sagte er: Hallo, hallo, hier bin ich, John Lennon! Das kann sehr ärgerlich für ein Haufen geldgeiler Unglücksraben sein, die sich selbst aufgegeben, sich und sogar den Verstand verloren haben.

BRIAN

Aber Yoko! Du hast doch Spaß an dem kleinen Vermögen, das John mit der Gitarre zusammengeklimpert hat!

YOKO

Ich stamme aus einer Bankiersfamilie und kenne den Teufelsgestank des Geldes.

JULIAN

Oh, was für eine Bombenstimmung!

BRIAN

Hm. Das Kind kennt sich aus! Hat eine große Zukunft in der Welt der Intellektuellen vor sich. Nicht wahr, John, das kommt davon, dieses aus jenem, weil sie von Kindesbeinen an so programmiert wurden.

LENNON

Du aber, Brian, du hast versagt.

BRIAN

(zischend)

Elender Schuft!

Nimmt eine Flasche und wirft sie nach Lennon. Knallt aber mit voller Kraft auf den Boden.

Du hast mich zu Fall gebracht! Ich hatte ein normales, ruhiges, bürgerliches Leben.

LENNON

Normal ist schon übertrieben.

BRIAN

(hysterisch)

Jawohl! Ich hatte ein normales Leben! Nimm es zur Kenntnis! Bin morgens aufgestanden und abends ins Bett...

LENNON

Pah, wie spießig!

JULIAN

Wovon redet ihr hier? Was für ein Kreuzworträtsel ist das?
Oder ist das ein typisches Beatles-Gefasel?

BRIAN

Erfolg hat seinen Preis, mein Junge!

JULIAN

Das sehe ich auch.

BRIAN

Hey, du! Du Lennon-Spross! Du siehst gar nichts! Hier
war ich der Verlierer. Weißt du, was ich verdient habe?
Berge, wie Kilimandscharo! In meiner Familie war ich
der, der am meisten verdient hat. Niemand hat es mir
zugetraut. Niemand. Niemand. Niemand. Aber ich hab's
ihnen gezeigt! Bei uns waren alle auf das große Geld und
das Geschäft geeicht. Auf die große Kohle! Aufs Geschäft.
Für meinen Vater, meinen Großvater und den Vater meines
Urgroßvaters war das Geschäft das Leben. Es liegt uns im
Blut, aber trotzdem war ich anders.

LENNON

Blut ist dicker als Geld!
Dolce vita brevis ars longa!

BRIAN

Ha-ha-ha! Du weißt genau wovon ich rede, lass deinen
Schwanz im Eismeer baumeln! Wie ein Matrose zu
fluchen, habe ich auch von dir gelernt. Ja... tatsächlich,
ich hab verloren. Und du bist der Gewinner!

JULIAN

Oooooooooooh... Brian! Trink was auf diese ehrlichen
Worte!

*Er reicht Brian ein Glas. Brian schlägt es ihm aus der
Hand.*

BRIAN

Brauche ich nicht! Weißt du Bengel, dein Alter beklagt
sich, dass die Ehe mit deiner Mutter in die Brüche
gegangen ist, wegen des großen Geschäfts, wegen des
Geldes. Weil er bei der großen Sause mit von der Partie
war, hat er alles andere verpasst. Weil er auf allen
Konzerten zwanzig Minuten immer das Selbe spielen
musste. Beklagt sich überall, dass er ein Sklave, ein
Gefangener war. Sein Gequatsche kenne ich in- und
auswendig! Er dachte, er hätte die ganze beschissene Welt

erobert und doch schlug der liebe Gott die Himmelstür vor seiner Nase zu, weil wir Dunkelgestalten des Geldes seiner großen Ausstrahlung im Wege standen! Aber bei wem soll ich mich beklagen, mein Junge? Ich wollte dem aufgesetzten Lächeln des bürgerlichen Lebens den Rücken kehren. Wollte aus dem muffigen Pferch ausbrechen wie dein Vater, John Lennon!

LENNON

Nur, dass ich aus der Familienlosigkeit, dem Standardgesülze verblödeter Lehrer und aus der Geldlosigkeit ausgebrochen bin! Du aber hattest eine gute Familie, eine feine Erziehung und Geld bis zum Abwinken. Was wolltest du noch?

BRIAN

Weißt du John, in Wirtschaftskreisen kursiert der Spruch: „Obwohl ich durch das Tal der Schatten des Todes gehe, fürchte ich kein Unheil, denn ich bin der größte Bastard im Tal." Schon mal gehört?! Das vergessen sie nie. Auf Empfängen und Banketten zeigen sie ein strahlendes Lächeln. Ihre Frauen präsentieren ihre schönsten Kleider. Wenn in der Pause der Dramatiker aufkreuzt, reichen sie ihm anmutig die Hand und zwitschern laut: Oh, ja! Oh, ja! Dabei geht ihnen nur dieser eine Satz im Kopf herum. Dieser einzige Satz.

LENNON

Und stell dir vor, dass sie abends ihren Kindern auch
einen Kuss geben!

BRIAN

Geh zum Teufel!

LENNON

Immer öfter denke ich daran, dass die Menschen glücklich
sind, die naturnahe, ganz normale Arbeiten verrichten.

BRIAN

Ich weiß. Du wärst lieber ein verdammter Fischer
geworden als ein Mitglied der Beatles.

LENNON

Ich liebe den Ruhm, die Macht, das Geld und vor einer
Masse von Menschen zu spielen! Das habe ich nie
geleugnet. Aber bei der Arbeit des Fischers gelten nicht
die Regeln aus dem Tal des Todes, sondern die aus dem
Tal des Lebens. Er muss das Meer, die Sterne, das Wetter
kennen! Ganz ohne Hokuspokus.

BRIAN

Doch ist es besser reich zu sein, als ein armer Fischer?

LENNON

Klar, ist das besser. Nur, die aus dem Tal der des Todes
können nie glücklich werden. Nicht die Reichen! Die
aus dem Tal der Schatten des Todes. Darum bin ich aus
diesem Bordell ausgestiegen. Manchmal bin ich auch nach
Hause gerannt, meinem Sohn einen Kuss zu geben,
danach haben sie mich weiter gehetzt. Die aus dem Tal der
Schatten des Todes glauben, sie müssen einen Sprung
voraus sein. Sie müssen jeden niedertrampeln, sonst
werden sie niedergetrampelt. Sie wissen verdammt genau,
dass sie beschissener sind, als die Niedergetrampelten.
Obendrein sind sie ständig eingeschnappt, weil die Welt
nicht so ist, wie sie sich das vorstellen. Geld, Macht,
Rang, so viel wie möglich! Kein Arsch weiß, was sie noch
alles brauchen, die Leere in ihren Seelen zu stopfen, die
Gottlosigkeit, damit sie nicht zusammenbrechen!

(verstummt)

Habe mich beinahe so gefühlt, als hätte man mich
gekreuzigt!

(Stille)

Als mir klar war, dass ich aussteigen muss und ich es auch
ausgesprochen hatte, ging die Hölle los, sie konnten das
nicht ertragen. Sie haben mich mit Dreck beworfen! Ich
musste den Verlierer spielen, um zu überleben. Aber ich

habe gewonnen!

Er schnappt seine Gitarre, und singt fröhlich.

„Weiß genau worum es geht, Arschlöcher, fickt euch alle!
Ihr kriegt mich nicht noch einmal!"

BRIAN

Du hast verschissen!

JULIAN

Könnt ihr euch nur so unterhalten?

BRIAN

Dein Vater hat den Kneipenton eingebracht. Ich war ein
wohlerzogenes Kind.

LENNON

Klar, bist morgens aufgestanden, abends zu Bett
gegangen.

BRIAN

Genau. Aber lenk' nicht ab! Alles was ich aufgebaut habe,
was ich groß gemacht habe, hast du zerstört. Ihr wart auf

dem Gipfel! Mann, was hast du getan? Jetzt kannst du ein
beschissener Fischer werden!

LENNON

Ich bin Künstler, Brian.

BRIAN

Und was ist mit den Beatles passiert, du Unglücksrabe?

LENNON

Nichts. Die Beatles waren bald nur noch ein
Aushängeschild, 'ne Menge Kids liefen mit langen Haaren
herum, hauptsächlich Mittelschicht. Äußerlich wollten sie
sehr modern sein, haben sich maßlos übertrieben
rausgeputzt, aber innerlich hat sich gar niemand verändert.
Sie wollten das überwinden und sich irgendwie
durchschlagen. Wir würden verrecken und sie machen da
weiter, wo sie aufgehört haben. Soll nur nicht auffallen,
dass immer die gleichen an der Macht sind. Genau so ist
eben die blöde, bourgeoise Welt. Die große Generation
macht sich ans Werk: Schleimt um jeden Scheißdreck,
machen sich demütig klein. Damit wollte ich nichts mehr
zu tun haben. Sollen sie doch Farbe bekennen! Ich gebe
keine Rückendeckung mehr!

JULIAN

Bist ja besser als ich dachte. Schon verstanden.
Verstanden. Alles klar!

BRIAN

Einen Scheißdreck verstehst du! Gar nichts! Dein Vater
kommt aus dem Elend. Aus dem rosaroten Elend. So war
die Welt schon immer. Der eine ist ausgestiegen, der
andere aufgestiegen. Weißt du wie vielen Menschen das
gelingt, Lennon? Einem aus einer Million gelingt das, was
du gemacht hast, vielleicht nicht einmal einem.

LENNON

Ich kenne das leere Geschwätz: Da ist noch ein Platz auf
dem Gipfel! Aber zuerst lerne zu morden und lächle dabei,
wenn du zu den oberen Zehntausend gehören willst.

BRIAN

Und da wunderst du dich, dass du angegriffen wurdest?

LENNON

Ich habe sie nur gewarnt. Keine gratis Drinks und Nutten
mehr. Schluss mit Sodom und Gomorra. Ich wollte nicht
in der Sintflut des Geldes, in dieser kapitalistischen,
materialistischen Scheiße versinken!

Lennon geht zu Yoko, umarmt und küsst sie.

Weißt du Brian, im Tal der Schatten des Todes sagst du entweder: Weiche von mir, Satan! Oder du bleibst ein Schuft. Und die neue Sintflut, der neue Zusammenbruch nähert sich.

BRIAN

Oder?

LENNON

Oder du lügst dir dein ganzes Leben lang in die Tasche. Vermasselst alles und kannst nichts wieder gut machen. Kannst schweigen, Ausflüchte suchen, dich verarschen lassen, brüllen. Eines kannst du aber nicht, dich selbst täuschen.

BRIAN

(vor sich starrend)

Oder?

LENNON

Oder du bringst dich um, wie du es getan hast. Wolltest du das hören?

(Brian ringt zitternd mit den Tränen)

Du warst wirklich anders. Ein gebildetes, gefühlvolles Bürgerkind, nur zu feige den Satan zu vertreiben, als du ihm nicht mehr dienen wolltest.

BRIAN

Hör auf!

Hält sich die Ohren zu und kämpft mit den Tränen.

JULIAN

Fasst ihn an der Schulter.

Hey Brian! Hör mal! Lass das!

LENNON

Lass ihn doch!

BRIAN

(langsam aufblickend)

Was suche ich hier eigentlich?

(schreiend)

Wo zum Teufel bin ich denn hier?

LENNON

Ich habe dich herbeigerufen.

BRIAN

Warum machst du mich an? Wenn du doch weißt, ich
wollte das bürgerliche... das bürgerliche...

LENNON

Schluss mit diesem leeren bürgerlichen Geschwätz! Ich
habe mich auf das Spiel eingelassen, du hättest trotzdem
nachdenken können! Dich umzubringen, weil du von
deiner bürgerlichen Existenz die Schnauze voll hattest?
Wenn du keinen Ausweg mehr siehst kann der Tod
kommen?

BRIAN

Wieso? Gibt's denn einen Ausweg?

LENNON

Den gibt es. Sicher gibt es den.

BRIAN

Weißt du, woran ich verzweifelt bin? Du kannst es nicht
wissen! Du hast nicht gebüffelt wie ich. Du hast auf die
Schule geschissen, weil sie eine Menge Blödsinn
beibringen aber nicht, wie du frei und glücklich sein
kannst. Du brauchtest das Leben.

LENNON

Du irrst dich. Die Schule hätte ich auch gebraucht. Eine,
die die Seele erhebt. Mit acht, zehn Jahren wusste ich
schon, ich bin gut, genial. Aber außer mir wusste es
keiner. In den Arsch sind sie mir gekrochen als ich schon
reich war. Was für eine Welt ist das? Warum hat in der
Schule keiner mitgekriegt, dass ich klüger bin als alle
anderen? Meine Tante hat meine Gedichte weggeworfen.
Ich sagte ihr vergebens: Wird dir noch leid tun, wenn ich
einmal berühmt werde! Weggeworfen hat sie die,
verdammt! Ich hätte schon gern gelernt, aber wen hat
das schon interessiert? Die Lehrer wollten mir 'ne Menge
Zeug einbläuen, das ich nicht gebrauchen konnte. Die
können es auf den Tod nicht ausstehen, wenn du klug bist
und sie tun alles dafür, dass du dich wie eine Null fühlst.

JULIAN

Das kenne ich... aus einem deiner Songs. A Working Class
Hero. Ja so heißt der.

Julian nimmt die Gitarre seines Vaters und singt.

59

As soon as you're born they make you feel small
By giving you no time instead of it all
Till the pain is so big you feel nothing at all.

LENNON

Das ist gut! Hol's ein bisschen mehr aus der Tiefe,
lebendiger, aus der Tiefe deiner Seele. Sonst war es ganz
okay so!

YOKO

Johns Songs und sein Leben sind schon lange identisch.
Er besingt seine Erlebnisse. Ganz offen.

BRIAN

Schon wieder geht es um Lennon! Gerade wollte ich
erzählen, dass ich von meiner Verzweiflung bisher mit
niemanden gesprochen habe. Hätte auch keiner
verstanden. Nicht einmal meine Eltern. Dieser
Wahnsinnige hat in mir alles aufgerissen. Ich verstehe
deinen Wortschwall auch, verstehe ihn ganz genau. Die
bürgerliche Welt, an die ich denke, ist am Arsch. Alles ist
Scheiße.

YOKO

Brian? John hatte wohl wirklich großen Einfluss auf dich!

BRIAN

Von Anfang an spürte ich, dass wir etwas gemeinsam
haben. Er war mir wie ein Bruder. Seine Reaktionen
waren furchterregend: Auf der Höhe seines Erfolgs schrie
er um Hilfe! Help! Help! Help! Als er alles erreicht hatte,
sagte er „I'm a loser". Nicht wahr?

(verstummt)

Und auf einmal habe ich genau dasselbe gespürt, dass ich
ein loser bin. Obwohl ich viel Geld hatte. Wolltest du das
hören?

LENNON

Ja.

JULIAN

Wovon redet ihr denn?

BRIAN

Von der Sintflut, dem großen Seelensterben. Von der
Sintflut der Finsternis, von der Sintflut des grauen Alltags,
von der Sintflut der Seelenlosigkeit im Osten und Westen.

JULIAN

Ich bekomme Gänsehaut! Es ist wie ein Katastrophenfilm.

BRIAN

Du kannst entkommen und alle, die niemals geglaubt
haben, dass man die Wahrheit aus den Menschen für
immer verbannen kann! Die nie geglaubt haben, dass klein
groß, die Scheiße gut, der Untalentierte begabt, der
Dumme klug, der Unruhestifter gerecht, ein Dieb ehrlich
und der Müll sauber ist.

(hebt den Zeigefinger)

Aber Vorsicht! Sie jagen uns! Egal, wo du lebst, in
London, in Amerika, oder hinter dem Eisernen Vorhang.
West und Ost, als wären es zwei verschiedene Welten,
doch beide entspringen der gleichen Wurzel, der
bürgerlichen Geburt des Hirns. Der Gestank zweier
Fäulnis. Der Wahn meisterhafter Massenverblödung reißt
die Welt immer tiefer rein. Dort Dogmen, Ideale, hier das
Opium des Geldes. Ein großer innerer Kollaps rückt
immer näher. Erst die eine Welt, dann die andere.
Während sie von ihrer ewigen Macht schwätzen können
sie sich nicht vorstellen, dass sich alles einmal ändert. Die
Natur der Mächte ist nun mal so.

(schweigt)

Ich war auf Qualität aus. Das verband mich mit deinem
Vater. Schenk mir was ein, Junge!

JULIAN

Oh, Brain, was soll ich einschenken? Wasser oder Eis?

LENNON

Die Sintflut.

BRIAN

Whisky tut's auch.

JULIAN

Schenkt ein und reicht ihm das Glas.

Bitteschön, der Whisky! Schlage ihn mir aber nicht aus der Hand!

BRIAN

Brian leert das Glas aus.

Der war gut. Danke.

LENNON

Deswegen sollten wir nicht politisieren?

BRIAN

Ja.

JULIAN

Warum?

BRIAN

Einfach so.

LENNON

Ich bin nur ein Sänger.

BRIAN

Überall wittern sie Feinde. Wenn sie in jemandem das Neue erahnen, rauben sie ihn aus, unterdrücken sie ihn, bringen ihn zu Schweigen... Oh, bürgerliche Toleranz!

Auf der Bühne wird es langsam dunkel, die Schauspieler reden langsamer, mit Widerhall.

LENNON

Ein Wort zur rechten Zeit.

YOKO

Der Mensch bei uns in Japan ist weder Bürger noch
Arbeiter, noch Intellektueller, sondern eine kosmische
Erscheinung. Ein Urwesen, in dem das Bewusstsein der
göttlichen Abstammung lebt: Die Einheit von Natur, Seele
und Geist.

LENNON

So einer war ich in meiner Kindheit! Genau so.

*Die Bühne wird dunkel. Kinderlärm wird immer lauter. Stille. Es
wird wieder hell, in den Schulbänken sitzen Wachspuppenkinder,
nur der kleine John Winston Lennon, der 10 Jahre alt ist, rührt
sich.*

LEHRER

(der ganze Raum schallt)

Warum rühren sich die anderen nicht, John Winston
Lennon?

JOHN WINSTON LENNON

(steht auf)

Weil sie schon erzogen sind!

LEHRER

Demnach bist du unerzogen?

JOHN WINSTON LENNON

Ich brauche noch Erziehung, Sir!

LEHRER

Inwiefern denn?

JOHN WINDTON LENNON

Weil ich noch Lebenskraft in mir spüre, Sir!

LEHRER

Warum ist in den anderen keine mehr?

JOHN WINSTON LENNON

Weil sie werden die...!

LEHRER

Was werden sie denn? Lass' hören!

JOHN WINSTON LENNON

Aus denen wird die Gesellschaft.

LEHRER

Und aus dir?

JOHN WINSTON LENNON

Ich bin ein Genie, Sir!

LEHRER

Hahaha! Du ein Genie?

JOHN WINSTON LENNON

Ja, Sir.

LEHRER

Mit der Faust schlägt er auf den Tisch.

Weißt du, wer ein Genie ist? Shakespeare! Mozart! Van Gogh! Du unverschämter Bengel!

JOHN WINSTON LENNON

Sie waren doch auch mal Kinder!

LEHRER

Aber sie waren dann schon Genies!

JOHN WINSTON LENNON

Ich bin es auch, Sir!

LEHRER

Wie solltest du das sein? Du bist nur John Lennon! Der nicht mal weiß, wie viel sieben mal sieben mal sieben mal sieben ist! Hahahahahaha!

JOHN WINSTON LENNON

Ich möchte aber den Menschen helfen, damit sie nicht mehr so unglücklich sind!

LEHRER

Hahahahahaha! Das kleine Genie!

JOHN WINSTON LENNON

Ich möchte für die Menschen singen!

LEHRER

Ha-ha-ha-ha-ha-ha-ha! Und was willst du den Mensch
denn singen? Ha-ha-ha-ha-ha-ha-ha!

JOHN WINSTON LENNON

Dass sie nicht traurig sein sollen, weil das Leben sehr,
sehr schön ist, wenn wir uns lieben! Die Mütter ihre
Kinder, die Väter ihre Frauen, Liebe heilt den Schmerz,
Liebe heilt alle!

LEHRER

Du willst die Menschheit beglücken? Du einfältiger
Trottel!

(schlägt ein Kreuz in der Luft)

Verzeih mir, Jesus Christus, und dem eingebildeten
Sünder!

JOHN WINSTON LENNON

Mir muss niemand verzeihen! Ich bin ohne Sünde! Ich bin
ein Kind! Gott liebt mich! Ich bin ohne Sünde!

LEHRER

Zähneknirschend schlägt er mit dem Stock auf den Tisch.

Du bist ein Erbsünder! Ein Sünder von Geburt an!

JOHN WINSTON LENNON

I'm John Lennon! I'm John Lennon!

LEHRER

(seine Hände zum Gebet faltend)

Herr, vergib deinem sündigen Diener, der sich in Hochmut gegen dich versündigt! Vergib dem einzigen ungezogenen Großmaul! Der deine Leiden noch nicht erfahren hat. Der noch nicht richtig gedemütigt wurde. Der noch nicht weiß, wie viel sieben mal sieben mal sieben mal sieben ist und trotzdem eingebildet und hochnäsig ist. Ein Ehrgeizling, der nicht weiß, dass er sich unterwerfen muss! Der nicht weiß, dass man nicht groß sein kann, nur weil man groß sein will! Vor dir knien als Zwerge wir. Wie Zwerge demütigen wir uns! Wir sind nichts und niemand, oh Herr! Hilf deinem Diener!

Er geht zum kleinen John Lennon, drückt mit der linken Hand seinen Kopf auf die Bank und versohlt ihm mit dem Stock den Hintern. Ein Lichtstrahl beleuchtet die Gesichter der Wachskinder in den Bänken nacheinander, schließlich hält er auf John Winston Lennons Gesicht. Die Schläge werden lauter.

ZWEITER AKT

Yoko räumt auf dem Tisch herum, Lennon, Brian und Julian sitzen, die Hände im Schoß. Es klingelt.

YOKO

Nein! Das glaube ich nicht!

LENNON

Du musst aufmachen!

YOKO

Warum ich? Warum nicht Julian?

JULIAN

Weil du die Herrin des Hauses bist.

YOKO

Schon gut. Schon gut. Ich gehe ja schon.

*Öffnet die Tür, kein Laut kommt über ihre Lippen. An der
Tür steht Königin Elisabeth II. von England. Yoko dreht
sich um, versucht Lennon etwas zu sagen, zeigt aber nur
mit offenem Mund auf die Tür. Unterdessen schreitet die
Königin herein. Sie trägt das Kleid, in dem sie den Beatles
das Ritterkreuz überreicht hat.*

LENNON

(legt die rechte Hand aufs Herz)

Majestät! Um Gottes Willen!

ELISABETH II.

Tatsächlich.

BRIAN

Das hätte ich nicht gedacht!

ELISABETH II.

Oh, bitte wundern Sie sich nicht!

JULIAN

Küss die Hand!

YOKO

Madam!

Verbeugt sich, fragt dann resigniert.

Wie wäre es mit einem guten Tee?

LENNON

Oh, das wäre herrlich! Geh nur, Liebling! Koch uns einen guten Tee!

(Yoko ab)

JULIAN

Sind sie wirklich die Königin?

ELISABETH II.

Was dachten Sie denn, junger Mann? Dass hier ein Maskenball ist? Sie sind doch schon länger hier.

JULIAN

Verzeihen Sie bitte! Ein wenig schwierig ist es für mich hier. Irgendwie weiß ich gerade nicht, wer gerade und warum hier ist, im Raum und in dieser verbogenen Zeit. Also, ich verstehe gerade rein gar nichts.

Aber mir gefällt, was mein Vater tut.

ELISABETH II.

Ich hatte schon lange vor, sie zu besuchen. Ich hätte gern mit Mr. Lennon ein paar Worte gewechselt.

LENNON

Mit mir?

ELISABETH II.

Mit Ihnen, Mr. Lennon!

LENNON

Eine große Ehre, gnädige Frau! Aber ich muss gestehen, ich bin etwas verlegen.

ELISABETH II.

Das habe ich von Ihnen erwartet.

LENNON

Was denn?

ELISABETH II.

Dass Sie verlegen sind.

LENNON

Warum?

ELISABETH II.

Das bedeutet, dass Sie schließlich auch...

LENNON

Was meinen Sie?

ELISABETH II.

Das soll mein Geheimnis bleiben!

LENNON

In Ordnung.

(Working Class Hero erklingt)

Das Lieblingslied meines Sohnes. Darf ich Sie um ein Tanz bitten, Madam?

ELISABETH II.

Das ist mir eine große Ehre, mein Herr!

Lennon tanzt sehr höflich eine Art Walzer mit der Königin.

Wo haben Sie das gelernt?

LENNON

In Hamburg, von den Matrosen.

ELISABETH II.

Oh!

LENNON

Beziehungsweise von den Matrosenmädchen. Genau gesagt, in Hamburg von den Mädchen, wo auch die Matrosen sich rumtrieben.

ELISABETH II.

Wie boshaft Sie sind!

LENNON

Ich bin ein sehr besonnener Mensch.

ELISABETH II.

Ich habe Fotos von Ihnen und Yoko gesehen. Die Posen
haben etwas königliches.

LENNON

Wenn Sie es sagen!

(die Musik verstummt)

ELISABETH II.

Haben Sie vielen Dank für den Tanz! Wissen Sie John,
dass Sie die MBE-Auszeichnung zurückgegeben haben,
habe ich Ihnen wirklich übel genommen.

LENNON

Ich musste das tun!

ELISABETH II.

Nicht doch, wieso? Sie haben sie doch verdient.

LENNON

Im Ernst?

ELISABETH II.

Darf ich denn Witze machen?

LENNON

Nun... Ich weiß es nicht.

ELISABETH II.

Sie können annehmen, dass es mir bewusst ist, dass Sie einer der einflussreichsten Künstler unserer Zeit sind.

LENNON

Ich habe nicht gedacht, dass Sie so cool sind!

ELISABETH II.

Das war ein Scherz.

(riecht an einem Blumenstrauß in einer Vase)

Sie glauben wirklich, dass wir Schaufensterpuppen, Marionetten sind, die nicht mal wissen, was um uns herum geschieht... Man gibt uns die Auszeichnungen, die wir dann lächelnd überreichen?

LENNON

Nun...

(sich am Kopf kratzend)

Weiß ich auch nicht!

ELISABETH II.

Haben Sie nicht gedacht, dass ich vorbeikomme?

LENNON

Sie haben gerade gesagt, meine Fotos haben was königliches.

ELISABETH II.

Ja.

LENNON

Kann eine Königin eine königliche Einladung ablehnen?

ELISABETH II.

Sie sind außerordentlich scharfsinnig.

LENNON

Sie haben gedacht, dass wir Schaufensterpuppen, Marionetten sind, die nicht mal wissen, was um uns geschieht...

ELISABETH II.

(sieht ihn verwundert an)

Fantastisch.

LENNON

Darf ich offen sein?

ELISABETH II.

Ich bitte darum!

LENNON

Ich bin tatsächlich fantastisch.

Die Königin und Julian lachen.

BRIAN

Komm Julian! Helfen wir deiner Mutter, Pardon!
Helfen wir Yoko den Tee zu servieren!

ELISABETH II.

Bleiben Sie ruhig! Mich stören Sie nicht.

LENNON

Aber Brian stört es, dass er keinen Ritterorden bekommen
hat.

*Brian schüttelt die Faust hinter dem Rücken der Königin
und zeigt Lennon den gestreckten Mittelfinger.*

JULIAN

Majestät! Mit Eurer Erlaubnis entfernen wir uns!

*Die Königin dreht sich um, Brian hört mit den zornigen
Gesten auf und macht gezwungenermaßen einen Diener.*

ELISABETH II.

Oh, wie gut erzogen!

*Während die Königin Lennon den Rücken kehrt, zeigt er
seinerseits den Mittelfinger.*

81

LENNON

(vergisst sich, halblaut)

Fick dich, du Wichs...

Die Königin dreht sich um.

JULIAN

(Lennon ins Wort fallend)

Okay, Dad, wir bringen auch den Kabeba mit!

(Julian und Brian ab)

ELISABETH II.

Was ist ein Kabeba?

LENNON

(zeigt mit der Hand)

Das ist... ein... Eine Art Maskottchen, eine Figur... die
Brian bröselt, wenn... wenn er verlegen ist.

(fuchtelt mit den Händen)

Halt so ein Zerbröseldingsbums...

ELISABETH II.

Nimmt ein Buch vom Regal.

Eine schöne Bibliothek haben Sie!

LENNON

Steht Ihnen außergewöhnlich gut!

ELISABETH II.

Ich denke, deshalb bin ich nicht hier.

LENNON

Deshalb nicht. Ich weiß gar nicht, wo ich anfangen soll...

ELISABETH II.

Fangen Sie damit an, wie es mit Cold Turkey in den Charts abwärts ging.

LENNON

(verlegen)

So genau erinnern Sie sich? Wie lange ist das schon her? Zehn Jahre?

ELISABETH II.

Elf. Das Ritterkreuz haben Sie mit dem Schlusssatz
zurückgeschickt, dass es mit Cold Turkey in den Charts
abwärts ging.

Legt das Buch zurück.

Offenbar deswegen, weil England sich in den Nigeria-
Biafra Konflikt eingemischt hat und England Amerika im
Vietnamkrieg unterstützt hat. Und diese böse Macht hat
Sie zum Ritter geschlagen, was bedeutet, Sie sind auch
böse und das hat sich auf die Charts ausgewirkt. Nicht
wahr?

LENNON

Ich bin für Frieden.

ELISABETH II.

Ich auch.

LENNON

Hinter unserem Rücken sagte man, die MBE-
Auszeichnung schützt uns. Dass wir uns alles leisten
können. Dass wir Narrenfreiheit haben.

ELISABETH II.

Hat Sie das gestört?

LENNON

Die Presse in England und Amerika lag immer auf der
Lauer. Rasend vor Neid wollten sie uns fertig machen,
wurden immer neidischer, unverschämter, vor allem mir
gegenüber. Als wir, Yoko und ich mit unserer
Friedenskampagne begonnen haben, mit Liedern, Liebe,
reinen Herzens, berichteten sie amüsiert, dass der Frieden
uns jede Menge Geld einbringt. Das legten sie natürlich
anderen in den Mund. Dabei ist der Frieden ein
christlicher Schlag gegen die Unruhestifter. Da habe ich
den Schwachköpfen ein Zeichen setzen wollen. Also
schickte den Orden zurück, zu deren Freude!

ELISABETH II.

Trotzdem war das wohl auch eine Botschaft an uns.

LENNON

Majestät, Sie glauben doch nicht allen Ernstes, dass
während in der Welt Krieg geführt wird, Millionen getötet
werden, mit Waffen gehandelt wird wie andere mit
Süßigkeiten, dass ich dazu das gleiche, gleichgültigen
Gesicht ziehe wie die halbe Welt vor der Glotze. Brian
war immer gegen Politisieren. Aber was hat Shakespeare
denn getan? Er hat's gewagt darüber zu schreiben, dass die

Hassenden auch vor der Liebe ihr Haupt nicht beugten.

(schweigt)

Ich denke, ich schwebe in Gefahr. Verstehen Sie?

ELISABETH II.

Wie meinen Sie das? Würden Sie mir das detaillierter erläutern?

LENNON

Wer den Frieden in den Fokus der Wahrheit rückt, wem Gottes Wille in der Lichtflut des Friedens erscheint, ist in Gefahr wie Jesus. Oder nicht? Wem hat ER geschadet? Er hat nur verkündet, dass mit der gequirlten Scheiße Schluss ist!

ELISABETH II.

Das ist eine recht komprimierte Zusammenfassung des Evangeliums!

LENNON

Wieso? Stimmt das etwa nicht? Jetzt hüllen sich die Pharisäer in den Deckmantel der Presse. Wenn wir die Dummerchen spielen, sind wir süße Kerlchen. Wenn nicht, machen sie uns fertig. Jesus hat verkündet, dass alles ein böses Ende nimmt. Sie haben ihn auch geschnappt. Und wo stehen wir jetzt? Genau da. Gewalt! Gewalt! Gewalt überall! Auch in den Schulen! Aus der Glotze strömt das Blut. Man hört nur das Röcheln der Sterbenden. Jeder ist in Gefahr, der einen anderen Weg zeigt!

Lennon hebt eine Vase hoch und schaut darunter.

Mein Herzschlag wird auch abgehört, dabei singe ich davon schon mein ganzes Leben, über die versteckten Geheimnisse meines Herzen.

ELISABETH II.

Wissen Sie, was mir Walter Bagehot einmal gesagt hat? Er hat gesagt, dass das Mysterium die einzige Garantie für das Überleben der Monarchie ist. Wir können nicht zulassen, dass in diese mystische Welt Licht eindringt.

LENNON

Und? Haben Sie seinen Rat befolgt?

ELISABETH II.

Nein.

LENNON

Warum nicht?

ELISABETH II.

Eben haben Sie gesagt, dass Sie ihr ganzes Leben über Ihren Herzschlag gesungen haben.

LENNON

Ja.

ELISABETH II.

Warum? Wenn ich fragen darf?

LENNON

Weil ich wollte, dass man mich liebt!

ELISABETH II.

Ich auch. Ich wollte, dass man mich nicht nur respektiert, sondern auch liebt. Sie glauben wirklich, dass jemand, der an die Macht kommt, unbedingt zum Schuft wird?

LENNON

Nein. Sie sind da hineingeboren. Beziehungsweise...

ELISABETH II.

Das ist Majestätsbeleidigung!

LENNON

Bitte verzeihen Sie mir! Ich habe mehr gedacht, als gesagt, beziehungsweise... Stellen Sie sich nur mal vor, in England würde ab jetzt die Monarchie eingeführt werden. Wem würde man die Krone aufsetzen? Dem Liebling des Volkes oder dem Mistkerl? Dem, der mit friedlichen Mitteln nach Macht strebt, mit offenen Herzen, erfindungsreich, mit großen Plänen oder dem, der all seine Feinde beseitigt, in die Falle lockt, um die Macht in vollen Zügen genießen und nach Herzenslust plündern zu können?

ELISABETH II.

Wann ist Ihr Königreich entstanden, Mr. Lennon? Beziehungsweise Ihr Kaiserreich, wie Sie es einmal formuliert haben?

LENNON

1963. Da ist der Wahnsinn ausgebrochen.

ELISABETH II.

Stellen Sie sich vor, dass ein junger Mensch auf der
Leinwand die Beatles sieht: Das ausgelassene Singen, die
ein neues Lebensgefühl ausstrahlenden reinen Gesichter,
die Begeisterung während er in Ihren nach der Beatles-
Zeit entstandenen Interviews reinblättert, Mr. Lennon!
Was haben sie noch gesagt..? „Die Beatles waren der
größte Abschaum auf der Welt. Wir mussten Abschaum
sein, um durchzuhalten. Wenn du auf beiden Beinen
bleibst, bist du ein Schuft." Das sind Ihre Worte.

LENNON

Ja, das sind sie. Aber ich habe auch noch andere Sachen
gesagt.

ELISABETH II.

Ja. Die Tourneen der Beatles waren wie Fellinis Satyricon.
Auch das haben Sie gesagt. Mit Alkohol und Drogen
gewürzt. Gleichzeitig war die Weltpresse voller
unschuldiger Fotos von den süßen Jungs, mit über die
rebellierende Jugend schwärmenden Lobeshymnen, die
auf eine neue Ära zugehen. Was für ein Zwiespalt, was für
eine Heuchelei! Mit welchem Recht urteilen Sie denn?

LENNON

Wir haben keinen Krieg geführt. Wir haben keine
Millionen ermorden lassen!

ELISABETH II.

Aber Sie haben die Jugend der Welt zum Narren gehalten!

LENNON

Er fegt mit voller Kraft ein Dutzend Bücher vom Regal.

Verdammt noch mal! Das muss ich mir nicht sagen lassen!

ELISABETH II.

(etwas gereizt)

Warum? Aber ich muss mir sagen lassen, dass immer „dieselben Ärsche an der Macht sind?"

LENNON

Lennon geht zum Tisch, schenkt sich Whisky ein, greift in den Eisbehälter, schmeißt sechs Würfel ins Glas und trinkt in einem Zug aus.

Ich!

(hebt den Zeigefinger)

Ich habe meine Generation zweimal gerettet! Erstmal habe ich denen gezeigt, dass man auch aus dem Arbeiterviertel ausbrechen kann, dass man auch ohne Waffengewalt durch die Masse dringen kann. Ich bin durch die Masse gekommen. Als ich alle hinter mir gelassen habe, okay, sie haben mich erwischt. Hoho Freundchen! Maskierte Höflinge der Krakenwelt wollten mich aussaugen, dass ich vor die Hunde gehe, wie so viele, und dass niemand erfährt, wer sie sind. Aber ich habe ihnen die Wahrheit ins Gesicht geschleudert! Ich habe in die Welt hinausposaunt, dass sie unser Blut saugen, bis wir alle verrecken. Mehr lag nicht in unserer Macht, als uns aufzuführen wie Zirkustiere. Das habe ich denen auch gesagt! Und dass sie mich nicht noch einmal erwischen!

(schweigt)

Die geldgierige Bande habe ich hinter mir gelassen. Habe auf mein Kaiserreich verzichtet, denn der König wird auch immer von seinen Höflingen ermordet. Bin ausgestiegen, um wieder John Lennon sein zu können, der sich nur mit einer Gitarre auf den Weg gemacht hat.

ELISABETH II.

Trotzdem steckten Sie bis zum Hals drin!

LENNON

Na klar! Hab doch gesagt. Ich war der Kaiser! Ich hatte die Macht, Alkohol, Weiber, Drogen, einfach alles. Der Erfolg gefiel mir. Zumindest dachte ich, es sei der Erfolg. Ich dachte, dass uns alle lieben. Ich dachte, dass alle mitmachen, weil sie uns begriffen haben und das Selbe wollen wie wir. Sie wollen frei sein, wollen eine neue Welt. Ich glaubte fast, ich habe die Welt erobert, doch ich

musste erkennen, dass es nicht stimmte. Ich bin in die
Klauen meiner Gegner geraten, die mir immer schon
gegenüber standen. Ich weiß nicht einmal, wie ich
entkommen konnte! Ich glaube, Yoko hat geholfen. Dafür
haben sie sie so gehasst.

ELISABETH II.

Dabei lag Ihnen fast die ganze Welt zu Füßen.

LENNON

Die Gleichgültigkeit wollten wir bekämpfen. Diese
selbstgefällige amerikanische Langeweile, die typisch für
den Lebensstil des Jahrhunderts war.

ELISABETH II.

Mit Erfolg?

LENNON

Lassen wir das Thema Beatles! Es ist vorbei, schon über
zehn Jahre! Gott sei Dank!

ELISABETH II.

So schlimm war es aber auch nicht!

Lennon nimmt eine Schere vom Regal, versteckt sie hinter seinem Rücken und geht auf die Königin zu.

Mr. Lennon! Was haben Sie vor?

Lennon berührt die Hand der Königin, ergreift ihren Arm, zerrt am Kleid und schneidet ein Stück von der Bluse ab.

Sie sind verrückt geworden!

Lennon springt hinter sie und schneidet eine Locke von ihrem Haar ab und springt kreischend herum. Die Königin hält sich die Ohren zu und schreit.

Hilfe! HELP! Jemand soll mir helfen! Sie machen mir Angst!

LENNON

Lennon hört auf zu springen und schreien.

Das haben sie jahrelang mit uns gemacht.

ELISABETH II.

Verzeihen Sie! Seien Sie bitte nicht böse!

Yoko stürzt in den Raum.

YOKO

Was ist passiert? Was ist los?

LENNON

Nichts. Ich spiele Beatles mit der Queen!

YOKO

Okay. Ich bringe den Tee! Ich bringe den Tee!

(ab)

ELISABETH II.

Sie sind ein sehr mutiger Mensch.

LENNON

Damals waren alle verrückt. Wir haben gesungen: Wacht
auf! Ihr habt genug geschlafen, habt lang genug geträumt!
Nehmt nicht alles hin, was euch verletzt, nehmt das Glück
in eure Hände! Das sollten sie nicht den anderen
überlassen, keinem leeren Geschwätz auf den Leim gehen.
Aber das hat sie verwirrt, dass sie total verrückt geworden
sind. Für die wir gesungen haben, haben geschrien,
verfolgten uns, rissen uns die Klamotten vom Leib und die
Bettlaken unterm Hintern weg. Sie schnitten uns
Haarsträhnen ab, liefen mit Pauls Zigarettenasche rum,

statt sich die Freiheit zu erobern, während wir den Haufen Arschlöcher mit unserem Gesang abgelenkt haben. Und die, die von uns gelebt haben... lassen wir das...

ELISABETH II.

Sprechen Sie sich ruhig aus! Ich höre Ihnen zu.

LENNON

Als ich habe einmal tatsächlich geäußert habe, dass die Arschlöcher, die an der Macht sind, dieselben sind, die uns regieren, dabei habe ich nicht unbedingt an Sie gedacht.

ELISABETH II.

Oh, das ist aber sehr nett!

LENNON

Überhaupt nicht! Die großen Persönlichkeiten lenkten oder lenken heute nichts mehr. Die großen Persönlichkeiten und die Geistesgrößen sind zu Zielscheiben geworden. Die Welt steht großen Veränderungen bevor. Vor einem meistens noch unverständlichen, großen Mysterium. Die Macht, von der ich sprach, hat in den Massen das niederträchtige Verlangen geweckt, Menschen wie mich zu unterdrücken, zum Schweigen zu bringen, zu zerbrechen. Die

Vernichtung hat neue Formen angenommen. Alle, die uns ähneln, werden ausgeschaltet, vernichtet.

ELISABETH II.

Sagen Sie so was nicht!

LENNON

In der Hoffnung, den einen zu erwischen, der ihnen gefährlich werden könnte. Doch der, der ist in Ägypten. Immer und in jedem Fall ist er in Ägypten. Sie bringen massenhaft Menschen um aber der, den sie töten wollen, entkommt. Und die Suche geht weiter. Wer nur ein Däumchen größer ist, ist verdächtig. Nur Lakai darf man sein, oder eine Schießbudenfigur, alles andere ist verboten!

ELISABETH II.

Wie kommen Sie auf so was?!

LENNON

Ich habe es erlebt. Aber dass es keine Halluzinationen sind, haben viele andere bestätigt. Schriftsteller schreiben darüber. Über ihre Gefühle. Das ist eine Verkettung.

ELISABETH II.

Bitte, ein Glas Wasser. Ich habe Durst!

LENNON

Verzeihung! Meine Frau hält vermutlich wegen irgendwelcher Anstandsregeln den Tee zurück. Was darf ich Ihnen anbieten? Wasser, Limonade? Vielleicht einen Schluck Whisky?

ELISABTH II.

Gern ein Whisky mit ein wenig Eis.

LENNON

Es ist mir eine Ehre!

(schenkt ein)

ELISABETH II.

Auf Ihr Wohl!

LENNON

Auf Ihres! Hoch lebe die selbstbewusste Queen!

ELISABETH II.

Warum sagen Sie so etwas?

LENNON

Wenn ich mich richtig erinnere, als Sie vier Jahre alt
waren, begrüßte Sie der Ministerpräsident Chamberlain
mit den Worten: Guten Tag, kleine Dame. Darauf
erwiderten Sie: Ich bin keine kleine Dame, ich bin die
Herzogin Elisabeth!

ELISABETH II.

Was Sie alles wissen, Mr. Lennon?

LENNON

Ich habe eine große Bibliothek. Wo waren wir
stehengeblieben?

ELISABETH II.

Bei den Massen.

LENNON

Ja, ja. Ich hab's wieder. Kennen Sie die Ungarn?

ELISABETH II.

Sie machen Scherze! Seit dem 6:3 muss auch jeder
unbewanderte Mensch wissen, wer die Ungarn sind.
Außerdem habe ich ungarische Ahnen. Und wenn ich
mich nicht täusche, Dante hat in der Göttlichen Komödie
über sie geschrieben.

LENNON

Schon seltsam, dass zwei Menschen, die von unten kamen
wie ich, in unserer Epoche die Ungarn berühmt gemacht
haben: Der Boxer Laci Papp und der Fußballer Puskás.
Sehen Sie? Was in der Tiefe schlummert, wenn man es ab
und zu mal an die Oberfläche lässt! Also! Einmal kam ich
durch Ungarn. Auf dem Budapester Flughafen hatte ich
Aufenthalt. Da habe ich gesessen, hinter einer
Sonnenbrille versteckt. Plötzlich hockte sich ein Typ
neben mich, nannte mich beim Namen und las mir aus
einem ziemlich alten Buch vor, und zwar ungefähr das,
was ich Ihnen gerade gesagt habe. Dann schaute er mich
an und bat mich, sehr vorsichtig zu sein. Dann sagte er
noch, dass solange er mein Werk nicht kannte...

(nachdenklich)

... ja, so hat er es gesagt. Aber vielleicht hat er auch
Lebenswerk gesagt. Also, solange er mein Lebenswerk
nicht kannte, glaubte er, dass die Ungarn unter einem
besonderen Fluch stehen. Kam aber dann darauf, dass es
sich,

(schlägt sich leicht mit der rechten Hand auf die Brust)

nach meinen Werken und meinem Schicksal zu urteilen, um ein universelles Problem handelt. Ich hasse es belästigt zu werden, aber dieser Typ war außergewöhnlich. Er hat mich nicht bedrängt, hat mich nicht unter Druck gesetzt. Doch in meinem Gehirn haben seine Worte ein Kribbeln ausgelöst.

Yoko kommt hinein. Brian und Julian bringen den Tee. Lennon greift nach seiner Gitarre.

BRIAN

Hier ist eine gute Tasse Tee, Majestät!

ELISABETH II.

Oh, so schnell!

YOKO

Wissen Sie, Majestät, bei uns in Japan...

(es klingelt)

Das kann doch nicht wahr sein!

LENNON

Yoko, öffne die Tür! Brian, bring bitte die Milch! Und du Julian, bring Eis! Los! Los!

Lennon reicht Julian den Eisbehälter, alle entfernen sich wortlos.

Wissen Sie, Majestät, ich wollte Sie gern treffen, um Ihnen zu sagen, dass meiner Meinung nach der Politik und Kunst das gleiche Verderben droht. Lange dachte ich, dass Künstler die Politiker einfach niedermachen können, weil alle Arschlöcher sind, aber ich habe mich geirrt. Wir sind auch Arschlöcher geworden, Mistkerle, Abschaum und wir mussten Abschaum werden um durchhalten zu können. Ich habe wirklich gesagt, dass die Beatles der größte Abschaum auf Erden waren. Wir sangen den Menschen vor, dass sie nicht aufgeben dürfen, dass es Hoffnung gibt. Und hinter uns drängte sich die ganze verkommene, gottlose Gesellschaft. Sie trugen sogar Beatles-Anstecker, damit niemandem auffällt, dass sie uns ins Verderben gestoßen haben. Als wir das alles kapiert haben, steckten wir schon bis zum Hals drin. Wenn wir den Mund aufgemacht haben, drohten sie uns damit, öffentlich unsere schmutzige Wäsche zu waschen. Wir sind ihnen in die Falle gegangen wie auch die Politiker, die ja auch nicht alle als Mistkerle auf die Welt gekommen sind. Unter den Künstlern auch, was für ein Verderben habe ich gesehen! Die waren oft schlimmer, als manche Politiker. Wir konnten nicht schweigend im Morast versinken, nur weil sie uns da reingezogen haben!

ELISABETH II.

Warum sagen Sie mir das?

LENNON

Ein Engländer gehört entweder zur Arbeiterbewegung
oder zu den Kapitalisten. Das ganze Klassenkampfgehabe
interessiert mich nicht. Wenn ich von mir gab, dass man
die Menschen nicht so sehr niedermachen sollte, wurde
ich gleich als Kommunist beschimpft. Als ich in Amerika
Aufenthaltserlaubnis erhalten habe, erklärte ich unter Eid,
dass ich nie Kommunist war. Aber egal, wenn es denen
gerade danach ist, finden sie immer Gründe einen
abzustempeln. Das sind die...

Schlägt mit rechter Faust in die linke Hand.

... Sie wissen ja schon, solche Stempel-Männchen. Es
macht diebische Freude jemand abzustempeln und zu
verleumden. Nicht mal versehentlich kommt die Wahrheit
über ihre Lippen. Ich beobachtete, wie sie jeden in dieser
Welt zerstören, den sie wollen. Um wie viel ruhiger wäre
alles, die Politik, die Kunst und alle andere Bereiche des
Lebens, wenn Licht einbrechen könnte und bis in den
letzten Winkel alles sichtbar wäre. Ich spiele nie wieder
den Clown. Ich bin wieder John Lennon. Sie können
sagen, was sie wollen, mit ihrer Kritik mich
herunterziehen, mich beleidigen, interessiert mich nicht.
Dem alten Noah hat auch kein Mensch geglaubt! Aber
viele glauben, dass ausgerechnet sie eine Fahrkarte
bekommen, wenn eine neue Arche gezimmert wird. Das
ist aber keine Überlebenssendung im Fernsehen, wo man
den Regisseur schmieren kann. Gott ist unbestechlich.
Gott ist kein Freund von Geheimbündelei!

ELISABETH II.

(hört Lennon nachdenklich zu)

Ich muss jetzt gehen!

LENNON

So früh?

ELISABETH II.

*Sie richtet ihr Kleid, Lennon nimmt ihre Tasche und reicht
sie ihr.*

Danke! Wissen Sie, was das bedeutet?

LENNON

Ja. Das Verhör ist zu Ende. Obwohl... kann sein, dass man
uns beide abgehört hat.

ELISABETH II.

Hören? Hören. Lauschen in der Stille unserer inneren
Stimme, die außer Gott niemand kennt. Der Vogelgesang,
das Brausen des Meeres, die prächtigen Farben, die Düfte
der Blumen im Garten, das alles ist der geheime Psalm der
göttlichen Sprache. Hören ja, aber abhören kann man
diese Nachricht nicht. Die Welt tut sich auf, die

Morgenröte streift ihr Abendkleid ab. Dann kann jeder sehen, was unsere Seelen verbindet, unsere Seelen nach Schönheit streben. Zuhören in dieser lauten Welt ist fast heldenhaft. Mit dem durch die Menschen verursachten Wirrwarr des Klangchaos verschmutzen die Sirenen der Glückslosigkeit den Äther. Eine majestätische, odysseussche Tat ist heute eine halbe Stunde Ruhe oder so ein offenes Gespräch, wie das unsere.

(die Hand hebend)

Gott schütze Sie, Mr. Lennon! Ich werde Ihre neuen Lieder mit Interesse verfolgen!

Sie entfernt sich durch die Seitentür, Lennon setzt sich, nimmt seine Gitarre und grübelt.

LENNON

(singt)

Lass uns zusammen alt werden,
Auf uns wartet noch das Schönste,
Wenn unsere Zeit gekommen,
Wir Zwei werden Eins!
Gott segne unsere Liebe!
Gott segne unsere Liebe!

YOKO

Yoko tritt mit einem Priester im Talar ein. Er ist klein, dick und agil.

105

Hören Sie, Vater? Er singt von Gott, von mir und unserer
Liebe.

LENNON

(hört auf zu singen)

Sie kommen gerade recht, Vater!

YOKO

Wo ist die Queen?

LENNON

Sie ist gegangen.

Brian und Julian kommen auf die Bühne.

JULIAN

Wo ist die Queen?

YOKO

Weg.

BRIAN

Und der Priester?

YOKO

Er ist gerade gekommen.

LENNON

Haben sie kein Kreuz bei sich, Vater?

PRIESTER

Doch, mein Sohn! Wieso sollte ich nicht?

Ein gewaltiges Kreuz schwingt ins Zimmer, schaukelt an der Decke hängend nach links und rechts.

Hier ist das Kreuz, mein Sohn!

LENNON

Sie verlieren auch keine Zeit.

PRIESTER

Große Sünde, großes Kreuz, mein Sohn.

LENNON

Und die Mörder, die das Volk unterdrücken, die Verräter, die Räuber, was für ein Kreuz bekommen sie denn?

PRIESTER

Die bekommen das Kreuz mit Kran geliefert, mein Kind.

LENNON

Darf ich erfahren, was ich gesündigt habe?

PRIESTER

Alles der Reihe nach, mein Sohn!

BRIAN

Brian beugt sich über den Tisch, schreibt etwas auf ein Blatt Papier, drückt es Julian in die Hand und flüstert.

Julian, ich muss jetzt gehen. Wenn man nach mir fragt, gib das hier John.

Bevor Julian etwas erwidern kann, ist Brian
verschwunden.

YOKO

Ein kleineres Kreuz hätte es auch getan! Wissen Sie, wie
glücklich wir sind? Bevor Sie kamen, hat mein Mann
davon gesungen.

(singt)

Was auch das Schicksal bringt.
Wir trotzen dem zu zweit.
Zu zweit... mit einer Liebe.
Gott segne unsere Liebe!

(verstummt)

Die Liebe ist der Königspalast der Frau,
Dort empfängt sie die Krone
Gemeinsamer Herrschaft vom Manne.
Die Frau ist nur Frau, bis auf dem purpurroten
Teppich der Begirde zum Thron sie schreitet.
Alles ist vergänglich.
Unumstößlich ist jedoch die Macht der Liebe,
Aus ihr geht ein Kind, ein neues Leben hervor.
Die Welt sucht ihre verlorenen Söhne,
Die in ihren Frauen Venus entdecken sollen.
Zukunft gibt es nur da, wo man die Mutter ehrt.
Der Verstand, die Tat sind ohne den Deckmantel
Der Gefühle ist lediglich Bettler,
Mit Almosen gestrecktes Elend.
Auch dann, wenn sie glauben,

Vermögen könnte sie erlösen.
Nein, Bettlertum niemals.
Wo der Verlust der Ehre der Frau,
Der bezaubernden Erbin der
Schöpfung zugelassen wird,
Wird das Leben geschändet.
Zum Altar des Herzens wieder erheben und
Ein beglückendes Ja zur Freiheit aussprechen:
Gesegneter Kampf für den Menschen!

(grübelt)

Und dann kommen Sie mit dem irre großen Kreuz an!
Das ist ungerecht!

PRIESTER

Es geht hier nicht um deine Sünden, meine Tochter.

YOKO

Trotzdem. Was ist das Problem mit meinem Mann?

PRIESTER

Das Problem? Nun, hat früh angefangen zu saufen, sich zu prügeln, mit seinem unverschämten Betragen den Lehrer zu ärgern. Schauen wir mal, was denn in seinem Zeugnis steht?

Mit einer schwungvollen Bewegung zieht er Lennons

Zeugnis unter dem Talar hervor.

Hier habe ich's!

JULIAN

Sie sind aber gut vorbereitet!

PRIESTER

Vor Gott gibt es keine Geheimnisse.

JULIAN

Sind sie Gott? Ihr Kreuz ist stehengeblieben. Müsste man
es nicht wieder anstoßen?

PRIESTER

Unverschämte Jugend! Er ist jetzt schon wie sein Vater.

JULIAN

Verzeihen Sie! Trinken Sie was, Vater?

Yoko und Lennon lachen.

LENNON

Lassen Sie uns anstoßen!

PRISTER

Während der Arbeit trinke ich nicht! Glauben Sie nur nicht, dass Sie von ihren Sünden ablenken können! Schauen wir mal, was in ihrem Zeugnis steht!

Befeuchtet seinen Finger und blättert.

„Hoffnungsloser Fall."

Siegestrunken schaut er um sich, blättert dann weiter.

„Beträgt sich unmöglich."

(blättert)

Erinnern Sie sich an den letzten Eintrag? Was Direktor Pobjoy geschrieben hat?

LENNON

Lesen Sie's doch!

PRIESTER

„Dieser Junge ist auf dem besten Weg zum Absturz!"

LENNON

Dennoch sind die abgestürzt.

PRIESTER

Wie meinen Sie das?

LENNON

Wie ich es sage.

JULIAN

Ich verstehe.

LENNON

Scheiß darauf. Weitergehen!

PRIESTER

Wie Sie meinen, Mr. Lennon. Verzeihung!

Er geht zum Kreuz und schubst es an.

Rauschgiftmissbrauch! Unzucht! Demütigung seiner
Mitmenschen!

(mit erhobener Stimme)

In ihrer Selbstgefälligkeit sind Sie so weit gegangen, zu behaupten, Sie seien populärer als Jesus Christus!

LENNON

Bleiben wir mal bei den Tatsachen! Nicht von mir war die Rede, sondern von den Beatles. Außerdem war das damals tatsächlich so.

PRIESTER

Der Priester schlägt drei Kreuze und schubst das Kreuz kräftig an.

Sie wagten es zu behaupten, dass „das Christentum niedergehe! Dass Jesus ganz okay war, aber was hat man aus seiner Lehre gemacht?!" Oh! Das ist Ketzerei!

LENNON

Lennon geht zum Priester, fasst ihn an den Schultern.

Hey, Mensch! Kommen Sie mal runter!

PRIESTER

(hechelnd)

Ich bin in Eile!

LENNON

Immer mit der Ruhe! Kommen Sie, setzen Sie sich.
Verschnaufen Sie.

Lennon begleitet ihn zu einem Sessel, der Priester lässt sich hineinfallen.

PRIESTER

Danke, mein Sohn! Danke!

Wischt sich die Stirn ab.

Was kannst du zu deiner Entlastung vorbringen?

LENNON

Nichts.

PRIESTER

Springt aus dem Sessel auf.

Doch! Doch! Du bist ein guter Mensch!

Er fällt in den Sessel zurück.

Verzeihung!

LENNON

(sich umschauend)

Wo ist Brian?

PRIESTER

Wer ist denn Brian?

LENNON

Ein verstorbener Freund.

PRIESTER

*Der Priester schlägt schnell hintereinander ein Kreuz
nach dem anderen. Holt selbstvergessen einen Flachmann
unter dem Talar hervor und trinkt einen großen Schluck.*

Jesus Christus! Hilf mir! Herr, hilf mir!

JULIAN

Er hat das hier für dich hinterlassen.

Er überreicht Lennon das Schriftstück.

LENNON

(liest laut)

Ich weiß, dass du recht hast. Wir sehen uns bald.
Lennon steckt das Papier in die Tasche.

JULIAN

Was bedeutet das alles?

LENNON

Das heißt, dass ich ein paar Sachen sagen muss.

JULIAN

Ich habe Zeit.

LENNON

Unbedingt! Dein Geschwisterchen schläft, später musst du
ihm alles erzählen.

JULIAN

Julian geht in die Ecke, zum Kreuz.

Bringen Sie endlich das Kreuz weg!

PRIESTER

Unmöglich. Das Kreuz bleibt!

Beleuchter kommen mit Lampen, hinter ihnen Journalisten, mit Tonbandgeräten, Papier, Stiften, mehrere mit Kameras, Reporter mit Mikrofonen umringen Lennon und Yoko.

EIN REPORTER

(stammelnd)

Öhm-öhm...öhm. Wie ein Lauffeuer verbreitet sich die Nachricht, öhm.. öhm..., dass..., dass, dass John Lennon wieder eine wichtige Mitteilung hat. Mister Lennon? Öhm... öhm...

LENNON

Was ist? Hast du den Reporter-Gesucht-Wettbewerb gewonnen?

YOKO

Kommt später wieder! Jetzt haben wir keine Zeit!

REPORTER

Oh! Nein!

Ein Reporter mit einer Kamera geht zur Seite.

EIN REPORTER

(leise)

Liebe Zuschauer! Wir sind hier in John Lennons
Wohnung. Wie ein Lauffeuer verbreitete sich in der Stadt,
dass der große Friedensapostel sich auf ein wichtiges
Ereignis vorbereitet. Die letzte LP bekam keine
glänzenden Kritiken. Klar, wenn man so offen ausspricht,
wie glücklich das Ehepaar Lennon ist, während die ganze
Welt so unglücklich ist. Oder ist dieses Glück die
Botschaft? Lieber Zuschauer! Trotzdem ist nicht alles in
Ordnung, denn wie Sie sehen können,

*Nickt dem Kameramann zu, der darauf auf das Kreuz
zugeht.*

wie Sie gut erkennen können, hängt ein riesiges Kreuz
mitten im Zimmer! Neben Lennon sitzt ein Priester, der
wie Sie sehen können, gespannt auf etwas wartet!

PRIESTER

Ja, genau. Ich warte darauf, dass Sie verschwinden!

REPORTER

(sieht den Priester an)

Herr Priester, Sie werden uns sicher unterrichten, ob es sich hier um eine Dekoration handelt? Für ein Musical vielleicht? Sind Sie sogar einer der Hauptdarsteller?

Lennon und Yoko lachen laut.

LENNON

(lachend)

Fahrt zur Hölle! Und kommt später wieder!

REPORTER

Ihr Lachen lässt viel vermuten. Vielleicht doch ein Musical?

YOKO

Später! Später! Wir sind voller Pläne.

Yoko treibt die ganze Gesellschaft, die sich nur langsam rückwärts bewegt, raus.

REPORTER

Er drückt Yoko das Mikrofon unter die Nase.

Liebe Yoko! Wenn unser Gefühl nicht trügt, ist das Glück die Message? Aber was ist denn Glück? Gibt es das überhaupt auf dieser sündigen Welt?

Yoko antwortet nicht.

Sie haben Tom Christ gehört! 8. Dezember 1980... um 23 Uhr und 6 Minuten.

Mit ausgebreiteten Armen bewegt er die Leute raus.

LENNON

Julian!

JULIAN

Ja, Vater?

LENNON

Bleib hier!

JULIAN

Klar, wie besprochen.

PRIESTER

Wie halten Sie das aus? Die sind alle verrückt!

Springt auf, gibt dem Kreuz einen Stoß.

Was bringst du zu deiner Verteidigung vor, mein Sohn?
Ich höre!

(schaut auf)

Wo ist die sündige Seele? Wo ist John Lennon?

YOKO

Weiß ich nicht. Eben gerade war er noch hier.

PRIESTER

Ist er nicht etwa geflohen?

YOKO

Nein. Ich kenne ihn. So was macht er doch nicht.

PRIESTER

(schreit auf)

Gott! Hilf mir!

*Der Priester fällt auf die Knie. Lennon steht in einem
schneeweißen Tuch da.*

LENNON

Da bin ich, Vater!

(spaziert herein)

PRIESTER

(steht auf)

Deine Lehrer hatten doch recht. Du bist ein hoffnungsloser Fall.

LENNON

Vater, das ist ein Kostüm!

PRIESTER

Das habe ich mir gleich gedacht.

LENNON

Vor ungefähr zehn Jahren, auch um Weihnachten herum, wollten Tim Rice und Webber mich als Jesus in der Rockoper Jesus Christ Superstar. Dann ist alles in die Hose gegangen. Am nächsten Tag wurde alles zurück kommandiert. Aber das Kostüm habe ich trotzdem machen lassen, zur Erinnerung. Ich sehe ihm doch ähnlich, oder?

PRIESTER

In dir steckt ein Teufel!

LENNON

In mir ist kein Teufel. Wissen Sie, was ich nicht versehe?
Warum das so eine große Tragödie ist, wenn jemand sich
mit Jesus vergleicht? Sollten wir lieber den Judas
nachahmen? Meine Karriere begann ich auf einem
Kirchenfest! Dort habe ich Paul kennengelernt. Solche
Sachen sind vorherbestimmt. Ich bin der gläubigste
Mensch, als Christ geboren und auch erzogen, aber ich
habe Zeit gebraucht Jesus zu verstehen.

PRIESTER

Und warum hast du dann gesagt, dass das Christentum
untergeht?

LENNON

Weil alles Verfälschte, Verdrehte, Umgeschriebene
vergehen wird. Das habe ich gemeint. Was heute christlich
bezeichnet wird, hat mit Jesus nicht viel zu tun. Im Namen
der Christenheit, im Namen Jesu töten? Den Nächsten
ausplündern, übers Ohr hauen, verleumden. Das ist kein
Christentum.

PRIESTER

Willst du von deinen Sünden ablenken?

LENNON

In den Kirchen hocken traurige, kraftlose Menschen und hören das Wort Gottes auf amerikanisch, englisch oder sonst welchen Variationen. Dann gehen sie raus und fallen übereinander her. Schauen sich in die Augen und lügen, dass sich die Balken biegen und sie sofort beichten gehen müssten. Das Schrecklichste ist, dass sie jemanden, den das Wort Gottes berührt hat und sagt, Jesus wird mein Vorbild, und ich möchte in Frieden, Liebe und Gerechtigkeit leben, sofort als Feind der Allgemeinheit betrachten.

YOKO

Das glückliche Leben bei den Japanern zeigt sich nicht im Nebel des Jenseits. Die menschliche Natur nimmt im Kosmos an der offenbarenden göttlichen Kraft Anteil, wenn die körperliche, geistige Reinheit ihr als Kompass dient. Die Welt, in der wir leben, ist der Ort von Verwirklichung der göttlichen Prinzipien.

Der Priester faltet die Hände und nickt.

Der höchste Wert des menschlichen Lebens ist die Ganzheit und Vollkommenheit. Das irdische Dasein ist für die Japaner kein Jammertal, sondern der Zustand der Zufriedenheit, der nach göttlichem Geist strebt.

PRIESTER

(kommt aus seiner Versonnenheit zurück)

Das hast du schön gesagt, meine Tochter! Man merkt, dass du unter uns lebst!

LENNON

Wollen Sie mir die Beichte abnehmen? Gut. Stoßen Sie das Kreuz an!

Der Priester rennt zum Kreuz, Lennon tritt nach vorn.

Ich danke Gott, dass ich in der Welt einen Durchbruch geschafft habe, die mit allen Mitteln verhindern wollte, dass ich das göttliche Erbe in mir der Menschheit hinterlasse. Sie hat alles getan, dass ich mich als Nichts, Taugenichts und unglücklich fühle. Sie haben mich bedrängt und in Schrecken versetzt. Aber du kamst mir zur Hilfe, Herr! Das Wort erklang in mir, „Dein Wort"! Oh, wie erschrocken waren sie, dass alles wieder hell und rein wird. Fast ging ich unter in dem Schicksalskampf, in dem jeder nur mein Bestes wollte. Viele sind gefallen, weil sie es falsch aufgefasst haben. Sich aus dem Palast des Verderbens zu befreien, in dem der Thron der Verderblichkeit angeboten wurde, ist schwer. Es ist schwer die Erleuchtung zu erlangen aber viel leichter als sich oder andere zu vernichten.

(sich an den Priester wendend)

Die sogenannten Christen urteilen nur zu gerne über sich

und andere, predigen dem Volke, und noch schlimmer, töten für Christus.

Der Priester dreht sich zum Kreuz und macht murmelnd ein paar Kreuzzeichen.

Ja, Vater. Sie wollten es nicht, sie haben nicht einmal versucht zu verstehen was es bedeutet, sich christlich zu verhalten. Vielleicht waren die Gnostiker die einzigen wahren Christen, die an Selbsterkenntnis glaubten, selbst zu Christus werdend: Christus innerlich erreicht zu haben. Christus bedeutet im Griechischen: Licht. Das Licht, die Wahrheit, und wir wenden uns alle dem Licht zu.

Die Tür öffnet sich und ein gewaltiges Licht erfüllt das Zimmer. Ein Beleuchter mit einer riesigen Lampe in der Hand, hinter ihm Fernsehleute, Radioreporter und Journalisten. Das riesige Kreuz in Ruheposition, vor dem Lennon mystisch beleuchtet steht.

LENNON

Christus, Buddha, Mohamed, Moses und alle anderen Großen haben ihre Zeit mit Fasten, Gebet und Meditation verbracht und uns die Landkarte des Gottesreiches hinterlassen, damit wir auf unsere Weise dorthin finden.

REPORTER

Was ist das für eine Verkleidung, Mr. Lennon?

ANDERER REPORTER

Arbeiten Sie wirklich an einem Bühnenwerk?

DRITTER REPORTER

Warum haben Sie sich so lange zurückgezogen?

VIERTER REPORTER

Sind Sie unglücklich darüber, dass Sie nicht mehr an der Spitze stehen?

LENNON

Die Stille der Liebe ist nicht die Stille der Gleichgültigkeit. Eine Familie habe ich schon mal verloren, um es zu etwas zu bringen. Aber zu was? Sergeant Pepper? Ich habe jetzt eine zweite Chance bekommen. Ein Beatle zu sein hat mich fast umgebracht, saufen und Drogenkonsum hat meiner Gesundheit geschadet. Mit dem Rausch wollte ich ausbrechen. Den Fehler werde ich in meinem Leben nicht wieder machen! Wenn ich nie wieder anderes zustande bringe, als die Stille, die Stille der Liebe und des Friedens für die Menschheit, dann soll es so sein! Unsere Zukunft ist der Frieden. Amen.

ALLE REPORTER

Mr. Lennon?

Mr. Lennon?

Mr. Lennon?

Es wird plötzlich dunkel und die Stimmen der Reporter gehen in die Stimmen über, die am Anfang zu hören waren - nun aus dem Zuschauerraum.

Mr. Lennon!

Mr. Lennon!

Mr. Lennon!

Mehrere Schüsse sind zu hören, ein Augenblick Stille, Yoko schreit auf.

YOKO

Jooooohn! Man hat John erschossen!

Drei Sekunde Stille, dann erklingt der Lennon-Song „Imagine".

Imagine there's no heaven
It's easy if you try
No hell below us

Above us only sky
Imagine all the people
Living for today...

(Stimmen von verschiedenen Radiosendern)

RADIOSPRECHER

Wir unterbrechen unsere Sendung! John Lennon wurde
erschossen!
Heute Abend...

(seine Stimme versagt)

Erschossen! John Lennon und seine Frau Yoko Ono
befanden sich auf dem Heimweg... Die ganze Welt steht
bestürzt vor einer Tragödie...

(das Lied wird wieder lauter)

Imagine there's no countries
It isn't hard to do
Nothing to kill or die for
And no religion too
Imagine all the people
Living life in peace...

*Während das Lied leise weiter klingt, wird ein Teil der Bühne
schwach erleuchtet. Dort kniet Elisabeth II., im Kerzenlicht vor
ihrem Hausaltar.*

ELISABETH II.

(leise)

Oh, Gott! Oh, Herr! Warum? Warum? Hilf uns zu Helfen,
dass die glänzenden Geister würdig leben können und sie
nicht uns verloren gehen!

Sie fällt auf den Altar, die Bühne verdunkelt sich.

Imagine no possesions,
I wonder if you can,
No need for greed or hunger,
A brotherhood of man,
Imagine all the people
Sharing all the world...
You may say I'm a dreamer,
But I'm not the only one,
I hope some day you'll join us,
An the world will live as one.

*Ein schwacher Lichtstrahl schwebt zum vorderen, mittleren Teil
der Bühne und bleibt stehen, wo John Lennons Gitarre auf dem
Boden liegt.*

ENDE